子供がケータイを持ってはいけないか？

小寺信良
KODERA Nobuyoshi

目次

第４章●震災時のケータイの可能性……205

●初出
本書は「ITmedia +D Mobile」（http://plusd.itmedia.co.jp/mobile/）の
連載「ケータイの力学」（２０１０年４月５日～ ２０１１年７月５日分）と、
「もっとグッドタイムス」（http://times.good-net.jp/）掲載のインタビュー記事を再構成し、
加筆・修正を加えたものです。

子供たちとケータイの関係

●光り輝く情報社会のはずが……

年頃の子供を持つ親として、筆者も皆さんと同じように多くの悩みの中にある。大人への階段を登らせるにあたって本人の意思も尊重してやりたいし、かといって全部任せてほっぽり出すわけにもいかず、いかにしてさりげなく生き方の指針を示してやるべきか。日々そんなことを考えながら、なかなか上手く伝えられないでいる、娘2人の親である。

今の子供たちが我々の子供時代と大きく違うのは、現代はすでに情報社会に突入してしまっているところである。情報〝化〟社会ではない。情報化はオフィスでパソコンが使われ始め、多くの紙の資料がデータベースに吸い込まれていった時代にすでに完了した。今は最初から情報がデジタルデータの形で存在し、インターネットの普及によって誰でもそれにアクセスすることができる時代だ。

我々大人は、少しずつそれを実現してきた課程を体験してきた。だからそんな世の中が突然現われたわけではない事を知っている。しかし子供たちは違う。コミュニケーションということに興味を持ち始めた小学校中学年のあたりでは、もうすでに両親ともに携帯電話を持ち、どこにいても外の人と直接繋がる様子を目の前で見てきた。

今から10年ほど前は、小さい頃から早めに情報機器に慣れさせておくことはいいことだと言われてきた。どうせ大人になったら使うのだから、と。Windows98やWindowsXPの時代に、多くの家庭がインターネット回線を引き、パソコンを購入した。子供がパソコンで調べ物をしたり、絵を描いたり、マルチメディア教材で学習をすることは、理想だった。

携帯電話もそうだ。塾や習い事など、離れていても子供の安全を見守るために、それらは必要だった。共働き家庭のいわゆる「鍵っ子」たちは、普通の子よりも早く、首からケータイをぶら下げて公園で遊んでいた。

ところがある時期を境に、「子供にケータイを持たせるなんてとんでもない！」と言い出す人々が現われた。「子供にインターネットを使わせるな！」なんてことを言い出す人も出てきた。積極的に情報機器を与えてきた親の立場からすれば、突然はしごを外された格好だ。

●正解なき世界

子供とケータイの関係で、影の部分が大きくクローズアップされはじめたのは、２００４年から06年あたりにかけての事である。この頃から徐々に携帯電話は、インターネット端末としての色彩を強めていく。NTT DoCoMoではmovaからＦＯＭＡサービスへの移行が顕著となり、06年にはｉモードの普及により、世界最大のワイヤレスインターネットプロバイダとしてギネスブックに載った。そんな時代である。

まず子供たちが違法・有害情報に触れているのが問題だとされた。無修正のヌード、誤った性情報、覚醒剤・睡眠薬の販売情報、爆弾の作り方、自殺の方法、家出の方法などなど。また出会い系サイトで大人と性交渉を持つ、ネットいじめが横行しているといった指摘がなされた。さらにサービス料の使いすぎで突然親のところに高額請求が届く、いわゆる「パケ死」問題が勃発したのもこの頃だ。

悪の根は絶たねばならない。多くのまじめな大人はそのように考える。当然である。悪の根とは一体何か。ケータイである。そんなことになった。

インターネットが自由な情報の公開場所である限り、子供にとって悪い影響を与えるかもしれない情報が存在するのは、仕方がないことである。だがそもそも情報とは、誰かにとっては悪でも、誰かにとっては善となるのではないのか。

悪影響を与える情報がないほうがいいのは、当たり前である。これを悪意でやっているやつが誰かわかっているのなら、対処はしやすいのだ。しかし文化も宗教も異なる人たちが一同に集まる場所で、どれが善でどれが悪かを、誰が判断するのか。いやそもそも情報に、善や悪があるのか。こうした混沌の中でどうしようもなく生まれたのが、子供から携帯を取り上げる運動の本質ではないかと、筆者は思っている。

その一方で、有志によるネットを健全化するための動きも起こってきた。子供とケータイの関係は、この2つの綱引きの中で進んできている。ケータイ禁止派、推進派（ネット健全化派）の動きを追ってみると、下図のようになる。

客観的に見れば、文科省は学校への携帯電話の持ち込みを禁止する方向に、総務省はネットの健全化を行なう方向に動いていると言える。しかし携帯を学校に持ち込ませないだけでは、何一つ問題は解決しない。家で使う時はどうするのか。誰が指導するのか。

当然これは、「親」ということになる。我々だ。

筆者は同志と立ち上げたインターネットユーザー協会の活動の一環として、ネットの情報を正しく扱えるよう、学校現場で使うための教材を制作して無償公開し、さらに学校での特別授業を通じて子供たちにリテラシー教育を行なってきた。別に性善説支持者ではないが、その活動の中で感じるのは、子供は正しい情報を入れてやれば、正しい答えを返す、ということである。誤った答えを出すなら、入れた情報が間

● 2008年以降のケータイ禁止派・推進派の主な動き

●禁止派	●推進派
●大阪府教育委員会が公立小中学校への持ち込み禁止要請（08年12月）	●WEBサイトのレーティングを行なう第三者機関「I-ROI」設立（08年4月）
●政府 教育再生懇談会が小中学校への原則持ち込み禁止提言（08年12月）	●携帯電話サイトの健全性を審査・認証する第三者機関「EMA」設立（08年4月）
●文科省指導により、国公立の小中学校は、原則持ち込み禁止（09年1月30日通知）	●総務省主導で「安心ネットづくり」促進協議会 発足（09年2月）
●石川県「いしかわ子ども総合条例」にて、小中学生に携帯電話を持たせない努力義務を規定（10年1月1日より施行）	●私立高知中央高校、携帯電話持ち込み禁止から転換、授業に活用（09年4月）
●東京都「東京都青少年の健全な育成に関する条例」にて、保護者に青少年のインターネット利用の適切な管理の努力義務を規定（11年7月より施行）	●私立須磨学園中学・高校で学校公式携帯「制携帯」導入（10年4月）

違っているか、そもそも情報など誰も入れていない可能性が高い。
これから本書をお読みいただく皆様に、子供とケータイについて筆者の仮説を明らかにしておこう。

1．子供からケータイを遠ざけることは、間違いである。

なぜならば、それは何の解決にもなってないからである。どうせ大きくなったら持つからいいのだと言うが、それは問題を先延ばしにしているだけにしか過ぎない。体が大きくなったら、ドーンとネットの海に突き落とすつもりか。

我々が段階を踏んでインターネットや携帯電話のあり方を把握してきたように、子供たちにも段階を踏んで徐々に接し方の教育をする必要がある。こちらの痛手が軽くて済む程度の小さな失敗をさせながら、少しずつ経験として学ばせるには、大きくなってからでは遅い。

2．規制より先に教育があるべきである。

電子機器の発達を見ていれば、携帯電話だけが情報端末でありつづけるはずがない。新しいデバイスが出てきたら、それらに対していちいち立法化して利用を規制していくのか。それはあまりにも非効率である。それよりも子供たちに悪質なものも含めて、情報の接し方を教育した方がいい。なぜならば最終的なゴールは、規制派も推進派も、青少年の健全な育成のはずだからだ。教育なくして、それはなし得ない。

この考えは本当に正しいのか。それを検証するために様々な場所へ調査に赴き、多くの資料をひっくり返して考察した結果が、本書である。

国民全員が情報を発信し、情報を使いこなせる能力を持つこと。最終的にはみんなでそこへ行かなければならない。これほどまでに子供がマルチユースな情報端末を持っている国は他にない中で、これは日本が背負うべき課題である。みなさんと一緒に知恵を束ねて、次の高度情報社会への橋を架けなければならない。

第1章●

親が知らない ケータイ・コミュニケー

チェーンメールの何が「悪」なのか

●なんら解決していなかった「チェーンメール」

筆者らが立ち上げたＭＩＡＵ▼1では、青少年に対するリテラシー教育の実践として、２００８年から独自のリテラシー読本▼2を作成し、ＰＤＦで無償公開している。我々は同年に成立した青少年ネット規制法には反対の立場をとっており、この読本制作はその反対理由である「規制よりも先に教育があるべき」という考えを具現化する活動の一つだ。

このリテラシー読本は一応６章まででひとまず完成ということにしたが、これを使って実際に授業をやってみたところ、「チェーンメールの話を加えてほしい」という先生からのリクエストがあった。

以前からメールやネットを使っている大人にとっては、すでにチェーンメールに対する耐性が高くなっており、今さらのような気がする。しかし子供たちにとっては、チェーンメールも初めて体験するものである。

チェーンメール対策を読本に加えるにあたり、今どのような指導が行なわれているのかを調べてみた。多くの対策サイトでは「届いたら転送せずに自分のところで止めましょう」という指導がされている。これはまことに正しいのだが、MIAUのメンバーで議論していくうちに、その指導を行なうための根拠がどこにも載ってないという点に気がついた。

チェーンメールのパターンとしては、怖い話で人を脅かす、いわゆる不幸の手紙系のものが主流だが、逆にHappyメールと呼ばれる、幸福の手紙系のものもある。あるいは「子犬の引き取り手を探している」だとか、「B型RHマイナスの血液が足りない」など、人の善意を喚起するものもある。

人に不快な思いをばらまくのはよろしくないということは分かるが、笑い話を転送することは、本当に悪いことなのか。また悪いとしたら、何が「悪い」のか。あるいは人助けのつもりで善意のメールを転送することは、悪いこととして責められるのか。

チェーンメール対策については、すでに枯れた話であると思い込んでいたが、何が悪いのかというところを突き詰めていくと、かなり難しい話なのであった。

●これまで子供が遭ったことのある携帯電話に関するトラブル

（複数回答／n=87）

架空請求	0
チェーンメール	32
有料サービスの使いすぎ	7
生活習慣の乱れ	11
特になし	40
その他	6

出典：MIAU「都内の私立中学校1年生の保護者92名にアンケート（2011年7月）」

1▼MIAU……ミャウ。筆者が代表理事を務める、一般社団法人インターネットユーザー協会（Movements for the Internet Active Users）の略称。インターネットやデジタル機器の技術発展や利用者の利便性向上のために、意見の表明・知識の普及などの活動を行なっている。

2▼リテラシー読本……MIAUが制作し、無償で公開しているインターネットをよりよく使うための読本。中高生向けに書かれており、授業で展開しやすいようにワークシートやパワーポイント版もある。

●チェーンメールという手段の是非

まず「悪い」と考えられる理由の1つが、チェーンメールによる情報伝達の拡大率である。例えばチェーンメールを受け取った人が、10分間に5人の人に必ず転送すると仮定する。すると10分で5人、20分で5+25で30人、30分で30+25×5で155人……といった具合に広まっていく。この調子でいくと90分後にはのべ約250万人に、2時間後には約3億人にメールが転送されることになる。2時間で、日本の総人口を軽く超えるわけである。

この計算をしてみて、最初はインターネットにかかる負荷が問題であると考えた。しかし実際には、テキストしかないメールの流通がそれぐらい増えたとしても、インターネット全体に負荷がかかるとは言えないだろう。

●チェーンメールを受け取る人数の推移

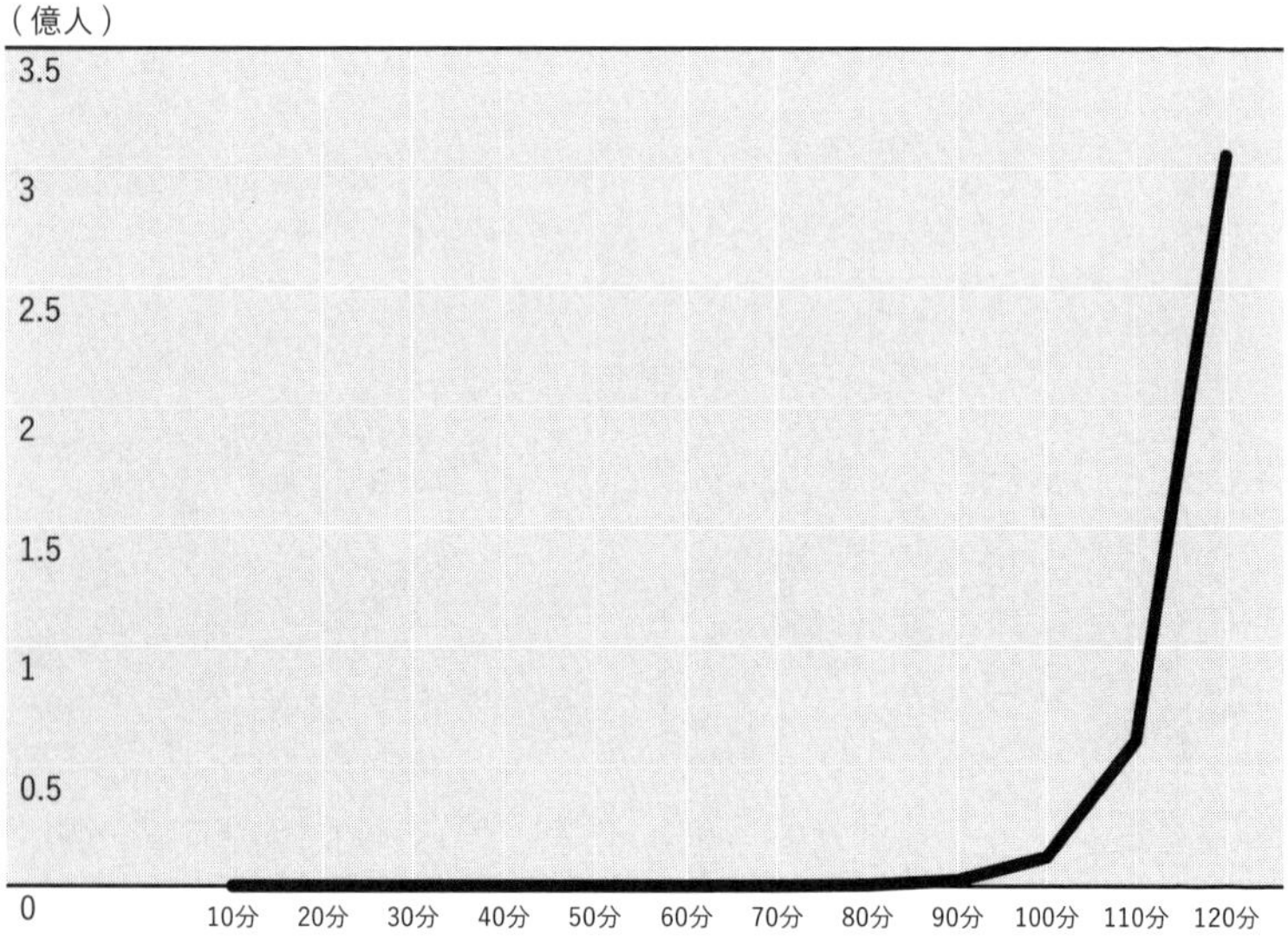

チェーンメールを受け取った人が、10分間に5人の人に必ず転送した場合。
2時間後にはのべ人数で約3億人を超える

実際にはこの程度のチェーンメールより、スパムメールのほうがより大きな負荷をかけている。

では、その内容の真偽が問題なのか。確かに嘘の情報が大量にばらまかれ、それによってパニックが起きるとしたら、問題である。その情報が本当かどうかの裏を取る、という行為は、たとえ子供でも必要だという教育は、妥当であろう。自分で調べられなくても、親や先生など、真偽を判断できる大人に意見を求めることはできるはずだ。

しかし、本当にあった話としているのではなく、笑い話としてのフィクションの場合はどうだろうか。もともと真実などはどこにもない、あるいは真偽のほどはどうでもいい、ただの「話」なのだ。例えばTwitter▼3と比較して、面白い発言をRT▼4するのとメールを転送するのとでは、一体何が違うのだろうか。

これも悪いことだとするならば、これはもう「チェーンメールという手法」が悪であるということになる。すなわちネズミ講が法律で規制されているように、1人が数人の胴元になって広げていくというやり方そのものが罪なのである、という考え方である。

確かに詐欺商法でこれらの方法を用いることは、加速度的に被害者数が拡がることになるため、法的な規制は必要だったろう。しかし情報の拡散においても、この方法に罪が問えるのか。つまりチェーンメールが問題となったころはまだ議論が十分ではなかったわけだが、この問題の

3▼Twitter……140字という文字数制限を設けたことで、気軽な情報発信を実現したサービス。2011年の調査で、10代ではmixiなど既存のSNSを抜いて利用度がトップとなっていることがわかった。

4▼RT……Twitter独自の習慣で、誰かの発言をそのまま転送するリツイート(ReTweet)の略。リツイートされた発言の先頭にRT:という文字を付けていたことに起因する。のちに公式の機能として取り込まれたが、これにはRTの文字は付かない。

本質はWinny事件▼5が改めて世に問うたように、手法・アイデア・テクノロジーに罪が問えるのか、ということだったのではなかったのか。

●チェーンメールというシステムの欠陥

チェーンメールがどのように拡散していくのかを、実際にトレースすることは難しい。なぜならばメールは私信であり、「通信の秘密」の原則に則って、その内容を第三者が検閲することができないからである。そこで情報の拡散がある程度確認できるTwitterで同様の例がないかを調べてみた。

2010年7月6日、「USTREAM Asiaが日本の著作権管理事業者と楽曲の利用許諾に関する包括契約を締結」というニュースがネット上で流れた。これはJASRAC、イーライセンス、JRCの3社が管理する楽曲を「演奏する」こと、「演奏に合わせて歌う」ことが可能になったということであった。そもそもネットの生放送では、一部のレーベルを例外にして、個別に権利者に許諾をとらない限り、音楽CDの音源を流すことができない。これは今でも変わらないが、演奏したり歌ったりすることはできるようになったわけである。

しかしこのニュースのタイトルだけを読むと、放送局との間で以前から行なわれてきたようなタイプの包括契約、つまりCDの音源をそのまま流していいような印象を受ける。このタイトルだけが一人歩きすると、当然起こりうる誤解である。案の定、「Ustreamで音楽を流せるようになった」と縮めてツイートしたものが、「Twitter上に広まった。

「Twitter上で人気のある1ユーザーのツイートに注目して検索してみると、この発言が約70人にRTされた結果、本人のフォロワー数と合計で、4時間弱で約8万人に拡散されていた。1人の発信元でこれだけの数なので、それ以外の発信元まで含めれば、数倍から数十倍の拡散数になるはずである。

もちろんオリジナルのリリース文までリンクを辿って読めば、正確なことが分かるのだが、カッコ書きされたタイトルだけを読んで誤解した人も相当にいただろう。しかしTwitterの場合は、情報が修正されるのも同じように速いという特性がある。今回の情報も、すぐに別の発信者を中心とする正確な情報で、上書きされていった。筆者の元にも、巡り巡って両方の情報が届いた。中には、訂正情報の方が先に届いていた人もあった。

●開いたシステムと閉じたシステム

Twitterのシステムと、チェーンメールの情報拡散を比較してみると、いろいろ見えてくるものがある。まずチェーンメールでは、伝送されるルートを遡ろうと思っても、直前の人しか分からない。したがって全体の伝送ルートは、誰にも把握できない。

一方Twitterの場合は、RTでIDが連なってくれば、前の前の人は誰だったかぐらいまでは分かる。あまりにもIDが多すぎると省略され

5▼Winny事件……匿名でファイル交換ができるWinnyというソフトウェアの開発者が、著作権侵害行為幇助の疑いで逮捕・起訴された事件。著作権侵害のファイルを流した者ではなく開発者が逮捕されたことで、国内外のソフトウェア開発者に大きな衝撃が走った。

ることもあるが、それでも2～3階層までは遡れるわけである。ある程度ルートが分かるということは、人間関係も分かりやすいということである。友だちの友だちぐらいならば、直接つながれることもあるだろう。あるいはサーチエンジンの機能を使って、発言の拡散状況を調べることもできる。伝達ルートが可視化されることで、修正情報も別ルート、あるいは逆ルートで拡散することが可能である。

情報ルートが確認でき、誰の発言でも探せるということは、改ざん防止にも役立っている。間違った情報や、オリジナルとは違う情報が流れても、誰のRTで書き換えられたのか、発言を遡っていけば分かるからである。

しかしチェーンメールでは、1世代しか遡れないという点に加えて、それがメールという私信であるが故に、前の人に届いたメールの内容をこちらが確認する手立てがない。途中で改ざんされても、誰にも分からないのである。これは、Twitterが公開情報として内容を伝達しているのに比べて、チェーンメールは非公開情報であるメールシステムで情報を伝達するからである。

さらに、チェーンメールで訂正情報が流れず、投げっぱなしになってしまうのは、年齢的なものもあるだろう。訂正情報の流布とは、正確な情報を伝え直すということに加えて、自ら不正確な情報を伝達した誤りを認めるということでもある。大人ならばこれまでいくつかの失敗を乗り越えた経験から、自尊心よりも社会利益を優先すべきであるということは理解できる。

しかし、中学生ぐらいの時の自分自身を振り返ってみてほしい。初めてケータイやメールを使い出し、そして半ば恐怖心からチェーンメールの伝達に荷担してしまった子供には、自らの過ちを認めるのは難しいだろう。

これらの要素が巧妙なバランスを作り出しているが故に、チェーンメールは何度でも何度でも蘇り、撲滅されることがないのだと考えられる。いわゆるトイレの花子さんのような話と一緒で、オリジナルから尾ひれが付いてさまざまなバリエーションを産み出し、都市伝説化していくのである。

しかし、少なくともこの考察により、なぜチェーンメールは内容の如何に関わらず、ダメと言えるのか、理由が付けられたように思う。ネットの問題は、巻き込まれる人が増えるにしたがって、ルールやマナー、あるいはネチケットの名の下に対策がパターン化され、理由が抜け落ちる傾向がある。「ダメなものはダメ」などという教え方ではなく、立ち止まって理屈を考えることで、親も子も成長できるのではないだろうか。

コミュニティサイトは、言われているほど問題か

●「問題」の6%

2011年3月に文科省が発表した「青少年が利用するコミュニティサイトに関する実態調査報告書」という資料がある。中味を見ると、注意を要する投稿74%、問題のある投稿26%などとおどろおどろしいグラフが並び、コミュニティサイトというのはこんなに問題だらけなのか、といった印象を持たれるだろう。だが実はこの報告書では、最も重要な点がさらりとしか書かれていない。それは、利用者全体に対してどれぐらいの割合の書き込みが注意を要し、または問題のある投稿であるかという事である。

この数字は冒頭の「調査の概要」の数字をよくよく読まないと分からない仕掛けになっている。これを紐解いていくと、調査期間に約10万件の投稿があり、その中で問題があると思われる投稿を抽出したところ、6158件であった、という事である。つまり投稿数全体に対して何らかの問題があったのは、率にしてたったの6%しかないということだ。

6▼**財団法人インターネット協会**……インターネットの発展を推進することを目的として設立された財団法人で、警察庁からの業務委託によるインターネット・ホットラインセンターの管理・運営などを行なっている。

報告書の中味は、この6％に対しての分析である。

調査を委託した財団法人インターネット協会▼6（インターネットユーザー協会ではない）は、警視庁の外郭業務請負団体なので、問題の中味の分析に関してはエキスパートであるが、実に94％にも上る問題のない投稿の傾向などは、調査されていない。つまり子供たちがどのようにコミュニティサイトを有効的に、あるいは友好的に利用してい

●「青少年が利用するコミュニティサイトに関する実態調査報告書」の調査概要

1 調査範囲

青少年の利用者数が多いと思われる20サイト（そのリンク先）について調査を実施。
検出対象：平成21年12月～平成22年3月の調査時点までの投稿
6,158件（複数の分類に関する投稿を含めると7,627件）注意を要する投稿、
問題のある投稿のみを検出
※注意を要する投稿：学校名、バイト先名のみなど、個人が特定できないであろう個人情報等、青少年以外への中傷、暴言、飲酒や喫煙行為に関する告白等
※問題のある投稿：メールアドレス、電話番号など青少年と直接連絡が取れる個人情報等、出会いを誘引する書き込み、いじめ、自殺、自傷の告白等
調査件数：期間中約10万件の投稿を確認
※パスワードで閲覧が制限されているサイトは除く

2 調査方法

携帯電話・パソコンより対象サイト内の検索フォームや検索エンジンを用いて
キーワード検索を実施。

3 青少年による書き込みの発見方法

青少年による書き込みを発見するために、下記のキーワードで検索を実施。
・「年、組」など学年とクラスを表す言葉
・「10～18歳」など年齢を表す言葉

4 問題のある書き込みの発見方法

青少年による書き込みの中から、下記のキーワード例で絞込み検索を実施
・「@、090、080」などメールアドレスや電話番号を表す言葉
・「お酒、たばこ、嗜好品」など飲酒喫煙を表す言葉
・「うざい、キモい、死ね、殺す」など誹謗中傷、イジメを表す言葉
・「死にたい、リストカット、アームカット」など自傷自殺を表す言葉
・「助けて、サポート、諭吉、¥」など援助交際を表す言葉
・「家出、泊めて」など家出を表す言葉
・「絡んで、彼氏彼女募集」など出会い行為を表す言葉

出典：文部科学省「青少年が利用するコミュニティサイトに関する実態調査報告書」

るか、ほとんどの子供たちがちゃんとできていることに関しての実態や傾向というのは、無視された格好になっている。

問題の6％という数字は、複数のコミュニティサイトを無作為抽出したわりには、かなり優秀な数字であると言えるだろう。例えばこれを学校のクラスに置き換えてみると、今の1クラスの人数は30人程度なので、1・8人。すなわちクラスの中に1人か2人は「ちょっと問題あるのよねー」という子がいるという比率である。現実問題として、クラスに問題のある子が1人もいないというケースはまずないわけで、この1人か2人程度という数字は、かなり優秀であろう。皆さんも自分の中高生時代を振り返ってみてほしい。クラスの問題児は1人2人で済んでいただろうか？

●隔離されてゆくコミュニティサイト

青少年のネット利用調査においては、公開して問題がある情報かどうかの判断にも、実はおかしなところが沢山ある。一般に公開して問題があるとされているのは、本名、年齢、学年、学校名、住所、メールアドレス、電話番号などである。しかしこれらは本当に、公開して問題があるのかどうかをよく吟味する必要がある。

例えば本名を公開することは、本当に問題なのだろうか。例外的に、ものすごく特殊な名前、おそらく日本に2人と居ないのではないかと思われるような特殊すぎる名前の場合は、それがいじめや揶揄の要因になることも考えられるが、同性あるいは同名がありうる名前の場合、姓名だけが分かっても、それに紐付いたほかの情報がない限り、どうということはないのだ。

そもそも本名と学校名、学年という組み合わせでさえ、何かのコンクールで入賞したり、あるいは甲子園に出場したりすれば、新聞やテレビで公表される。コミュニティサイトだけそれらを自己申告することが問題という基準は、おかしい。これでは優秀な子は名前が名乗れて、そうではない多くの普通の子はいてもいなくていいということになってしまう。自己顕示欲は誰にでもあり、それが頑張る原動力となる。先生や自治体などの視点で計った優秀さではない基準で、人に知られるということがあってもいい。例えばギターが上手いとか、占いが得意とか、そういう基準だ。

そもそもそういった個人のアイデンティティを示す情報もなしに、信頼できる仲間を探したり出会ったりしてコミュニケーションすることは不可能である。その一方で社会は、新社会人となる学生たちに対して高いコミュニケーション能力を要求している。これは矛盾ではないのか。

子供は子供だけ、といった具合に隔離してしまっては、社会が求めるコミュニケーション能力は身につかない。年齢差がある人たちと一度も接触したことがない人間が、いきなりおじさんおばさんたちの間に入ってうまく話ができるわけがなかろう。これからの社会では高いコミュニケーション能力が必要だとするならば、ネットを上手く利用して、自分と相手の立場の違いを把握した上で、上手く付き合っていく方法を学ばせなければならない。問題だ問題だと大騒ぎして子供からネットを取り上げてしまう先に、日本の未来はないのだ。

●コミュニティサイトが果たす役割とは

2011年4月28日付けで、安心ネットづくり促進協議会▼7のコミュニティサイト検証作業部会の最終報告書が公開された。この作業部会は、同協議会発足時にあったものではなく、活動を続けていくうちに出た「専門の検証部会を作るべき」という提案に基づいて、後からできたものだ。千葉大学の藤川大祐教授が主査となり、筆者もここに参加している。

コミュニティサイトの問題とその取り組みや成果に関しては報告書をご覧いただくとして、本書では同時に公開された調査資料「青少年が利用するコミュニティサイトに関する実態調査」に言及してみたい。同作業部会がリサーチ会社に委託して、小学3年生から高校3年生までを対象にアンケートした結果である。

実施したSNS▼8は、「GREE」▼9「魔法のiらんど」▼10「モバゲータウン（現・モバゲー）」▼11「mixi」▼12の4つ。回答者は高校生だけで75％近くを占める、若干偏った割合となったが、子供の利用者実態か

7▼安心ネットづくり促進協議会……青少年のインターネットの利用環境整備のため、2009年に民間によって設立された団体。設立の背景には、青少年のインターネット利用に規制を設けた08年設立の「青少年インターネット環境整備法」の影響がある。

8▼SNS……ソーシャルネットワーキングサービスの略。人と人の繋がりを促進するための、コミュニティ型のインターネットサービスのこと。

9▼GREE……パソコン向けSNSとして2004年にサービスを開始したが、携帯電話向けのサービスを展開したことで、2007年頃から爆発的にユーザー数が増えた。現在ではモバゲーに対抗してゲーム機能が充実したことで、SNS的な性格は薄れつつある。

10▼魔法のiらんど……1999年に携

らすると、このような偏りは致し方ないところであろう。MIAUが行なっている独自調査でも、中学生でのSNSの利用例は少ない。

学校でのネットリテラシー教育の重要性は、以前から訴求してきたポイントだが、調査結果では学校で携帯電話の使用方法について授業を受けた子供は8割に上り、うち7割が役に立ったと答えている。協議会が発足した2009年頃は、学校がケータイ教育に取り組むことに関して非常に渋かったものだが、1年足らずで状況は大きく変化したことを物語る。

この調査ではSNSサイトの問題点も分かるが、何よりも希少なのは、SNSサイトがもたらすポジティブな面が明らかになったことだ。従来ネット・コミュニケーションのメリットは、利用者が体感的に感じているのみで、きちんと調査されることが少ない。利用者にとってみればそれを使うことにメリットがあるから使っているだけで、改めてポジティブな面が語られる事は少ない。

●子供たちはなぜSNSに集まるのか

調査資料の中に、ケータイコミュニケーションで経験したポジティブ経験とネガティブ経験のデータがある。これによれば、ネガティブな経

帯電話向け無料ホームページ作成サイトとしてサービスを開始。2005年頃からユーザーが自分で書いた小説を投稿するようになり、これが書籍化されて一大ケータイ小説ブームを作った。現在会社組織はアスキー・メディアワークスに合併吸収され、同社の一ブランドとなっている。

11▼モバゲー……「モバゲータウン」という名称で携帯電話専用のSNSとして2006年にサービスを開始した。運営会社は、(株)ディー・エヌ・エー(DeNA)。数多くの無料ゲームを提供しており、ゲームサイトと見る向きもある。携帯から始めて08年にパソコン向けサービスを拡張するなど、他の2社とは逆の道をたどっている。11年3月に現在の「モバゲー」に名称変更した。

12▼mixi……友達と認めたユーザー同士しか中身を見られないPCの公開日記的サービスとして2004年にサービスを開始。18歳未満は登録できない、すでに登録しているユーザーから招待がないと登録できないなど、すべてがオープンなインターネットの中に新しい壁を作ったことで、安心して友達と交流ができるとして高く評価された。しかし今となっては相次ぐ機能変更の末に、初期のコンセプトとは違うサービスになっている。

●携帯電話についての授業

授業内容は役に立ったか
（単一回答／ n=3995）

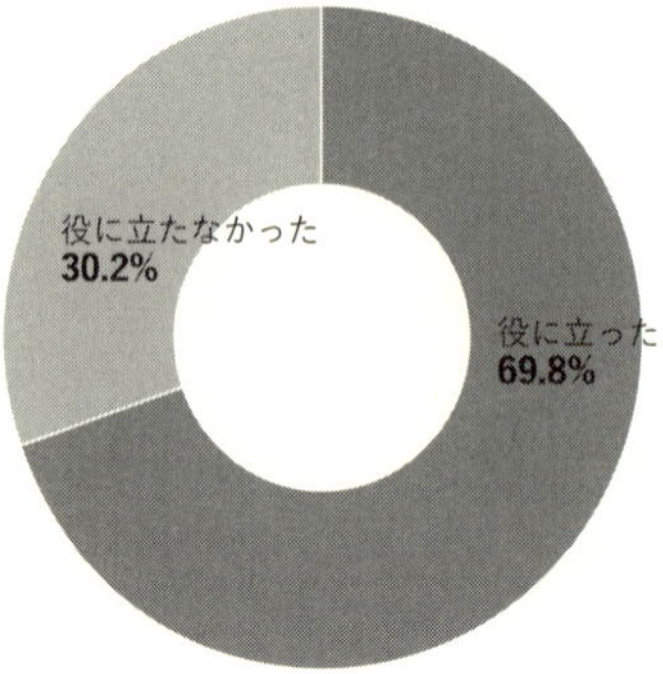

携帯電話の使用方法についての授業内容（複数回答／ n=4791）

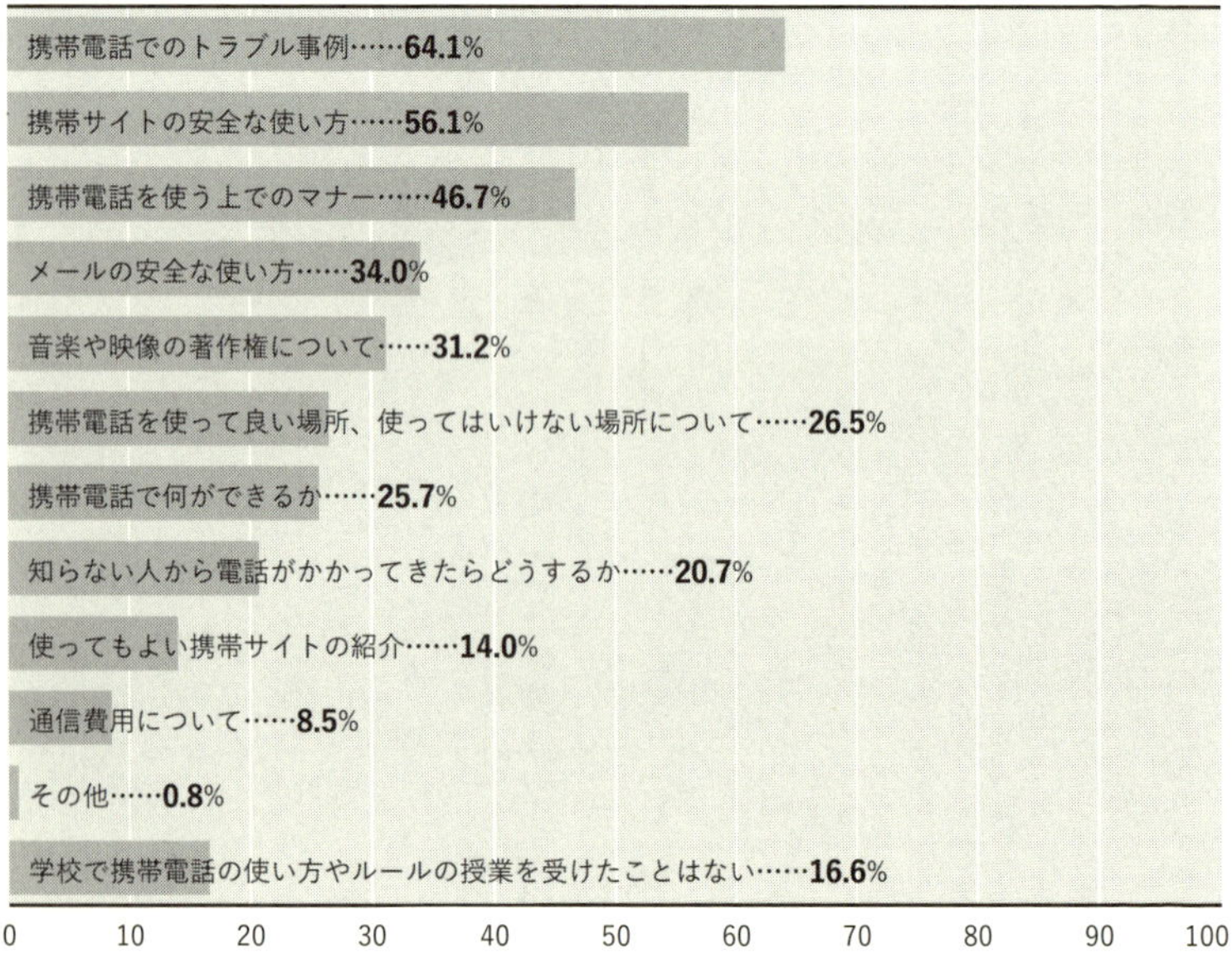

出典：安心ネットづくり促進協議会コミュニティサイト検証作業部会
「青少年が利用するコミュニティサイトに関する実態調査」

●携帯コミュニティサイトで経験したこと

（複数回答／ n=4627）

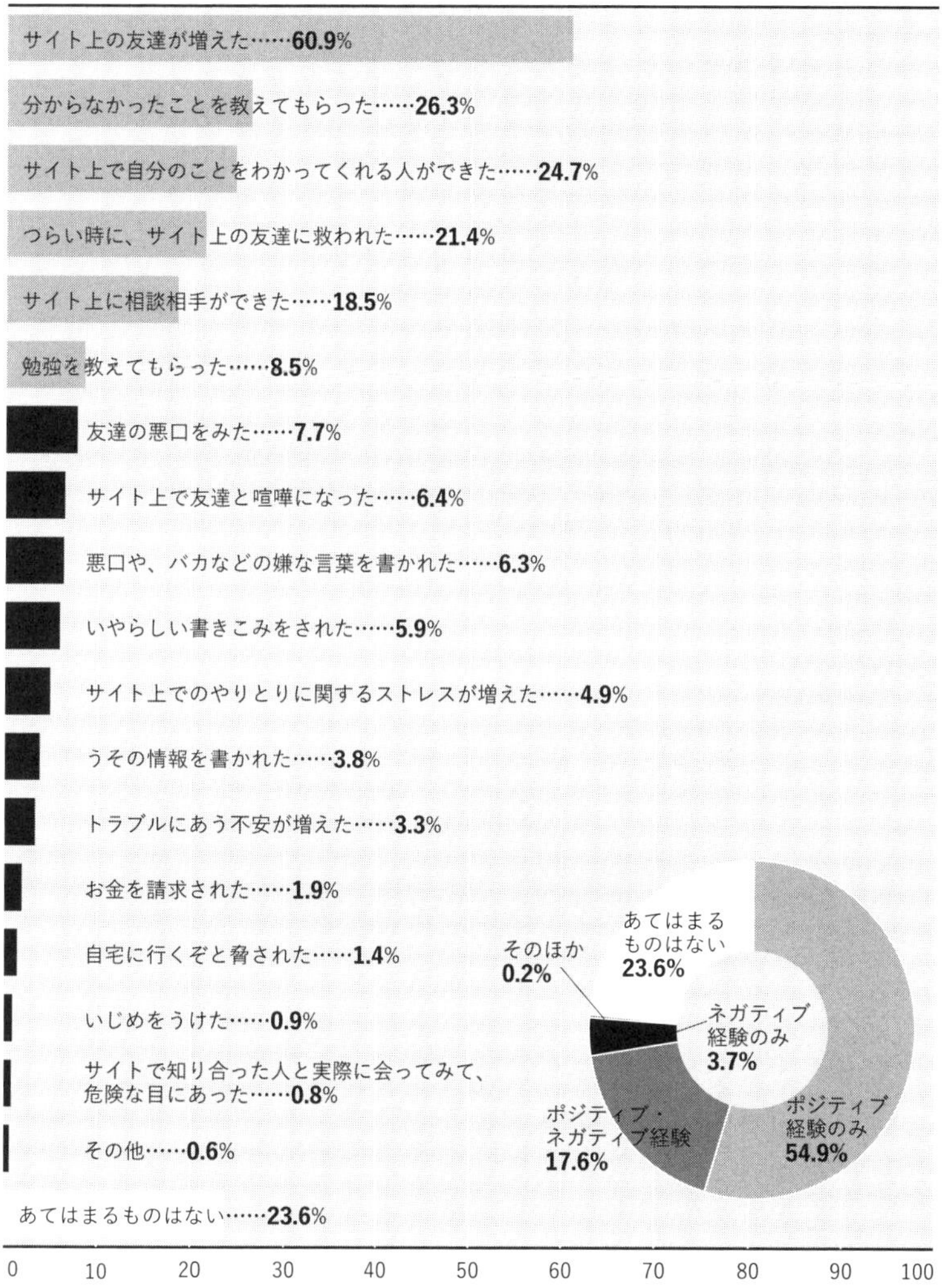
サイト上の友達が増えた……60.9%
分からなかったことを教えてもらった……26.3%
サイト上で自分のことをわかってくれる人ができた……24.7%
つらい時に、サイト上の友達に救われた……21.4%
サイト上に相談相手ができた……18.5%
勉強を教えてもらった……8.5%
友達の悪口をみた……7.7%
サイト上で友達と喧嘩になった……6.4%
悪口や、バカなどの嫌な言葉を書かれた……6.3%
いやらしい書きこみをされた……5.9%
サイト上でのやりとりに関するストレスが増えた……4.9%
うその情報を書かれた……3.8%
トラブルにあう不安が増えた……3.3%
お金を請求された……1.9%
自宅に行くぞと脅された……1.4%
いじめをうけた……0.9%
サイトで知り合った人と実際に会ってみて、危険な目にあった……0.8%
その他……0.6%
あてはまるものはない……23.6%
あてはまるものはない 23.6%
そのほか 0.2%
ネガティブ経験のみ 3.7%
ポジティブ・ネガティブ経験 17.6%
ポジティブ経験のみ 54.9%
0
10
20
30
40
50
60
70
80
90
100

験をしたことがあるのは2割にとどまる。ポジティブな経験で圧倒的に多いのが「サイト上の友達が増えた」の60・9%である。

ポジティブ経験のみが54・9%あるが、ここを重視するのは危険である。人生と同じように、ネットでもいい思いをすることもあれば、イヤな思いをすることもあるのは当然であり、そのことを子供たちには教える必要がある。ポジティブ経験のみの数値が多いのは、単に利用期間が短いか、あるいは多くの人たちに広く接していないからと考えるべきである。

さらに「携帯コミュニティサイトを使い始めて、あなたの実生活はどのように変化しましたか」という問いに対して、「知識が増えた」「友達が増えた」という以外にも、「毎日が楽しくなった」「つらいときに救われることがある」「ストレスが減った」「自分のことをわかってくれる人ができた」といった回答があり、メンタルケア効果があることが分かった。

もちろんネガティブ要素として「睡眠時間が減った」「勉強する時間が減った」といった、時間的なロスを無視することはできない。しかしそれは、時間の使い方を整理していく指導を行なうことで解決しうる問題だ。

精神面のケアは、今回の東日本大震災において避難所生活が続く児童や、よそへ転校することになった児童に対して必要に迫られている現状がある。SNSが果たせる役割は、我々が考えている以上にあるのではないか。震災情報だけでなく、子供たちの精神面を支える役に立ったのかどうかという調査も、継続して行なう必要があるだろう。

一億総スマートフォン化で親に問われる自衛への意識

●スマートフォンはケータイではない

これまで子供が安全にケータイを使うことに関しては、サービスプロバイダ自身の浄化作戦やキャリアによるフィルタリング、ネットリテラシーの啓蒙・教育活動といった取り組みが行なわれてきた。そのおかげか、国が子供のケータイ所持を禁止するといった最悪の事態に至る前になんとか引き返すことができた。いわゆる「ガラパゴスケータイ」（ガラケー）▼13と呼ばれる従来のケータイの世界に関しては、やれることはやってきたし、成果も上がってきていると見ていいだろう。

その一方で現在懸念されているのが、子供のケータイがスマートフォン▼14に変わっていくことである。すでにiPhone▼15、Android▼16といったスマートフォンをお持ちの方も相当いると思うが、これらのデバイス、特にOS▼17としての自由度は、従来のケータイとは比較にならない。ア

13▼ガラパゴスケータイ……外界から隔てられた環境で独自の進化を遂げたガラパゴス諸島の生物にちなんで、日本国内のサービスに特化して独自に進化し、海外のシステムとは互換性のない携帯電話を、自虐的な意味を込めてガラパゴスケータイと呼ぶようになった。最近ではフィーチャーフォンという呼び方も登場している。

14▼スマートフォン……従来の携帯電話機能にプラスして、パソコン並みの自由なネットアクセスや、ソフトウェアを自分で入れて使うことができるなど、パソコンに近い機能を持つ携帯電話。

15▼iPhone……米Apple社が開発するスマートフォン。ハードウェアからソフトウェアまで、すべてApple社が独占的に管理している。日本においてスマートフォンブームのきっかけを作った。

16▼Android……米Google社が開発した携帯電話向けシステム。これを搭載した携帯が複数のメーカーから出されており、iPhoneと人気を二分している。

プリケーション▼18によって機能がどんどん拡張できるという姿は、「通信できるＰＣ」と考えていく必要がある。

大人がどんどんスマートフォンに乗り換えていく中で、子供だけがいつまでもガラケーのままという状況は、考えにくい。年頃の子供は背伸びをして、大人と同じものを持ちたがるからである。そうなったときに、これまでのケータイと同じ手法でフィルタリングできるのか。そもそもフィルタリングが可能なのか。

スマートフォンの特徴とは、ウェブサービスをアプリ単位で切り分けることである。ウェブメールやスケジュール、天気予報、ＳＮＳ、ソーシャルメディア▼19へのアクセスは、基本的にはウェブブラウザ１つあればこなすことができる。ＰＣではそのように使っている人も多いだろう。一方スマートフォンでは、それぞれの機能を切り分けて専用アプリケーション化する傾向が強く見られる。沢山のアプリケーションが、それぞれ別の目的でネットにアクセスするわけである。

従来のケータイフィルタリングは、キャリア側で一元的に網をかける。携帯電話のネットワークを使ってアクセスする場合は、スマートフォンに変わっても対応は可能だろう。しかしスマートフォンはWi-Fiネットワーク▼20に切り替えてネットにアクセスできる。家庭内や店舗内のアクセスポイントに子供たちが接続すると、キャリアのフィルタリングは役に立たなくなってしまう。

●国内の移動電話とスマートフォンの出荷台数

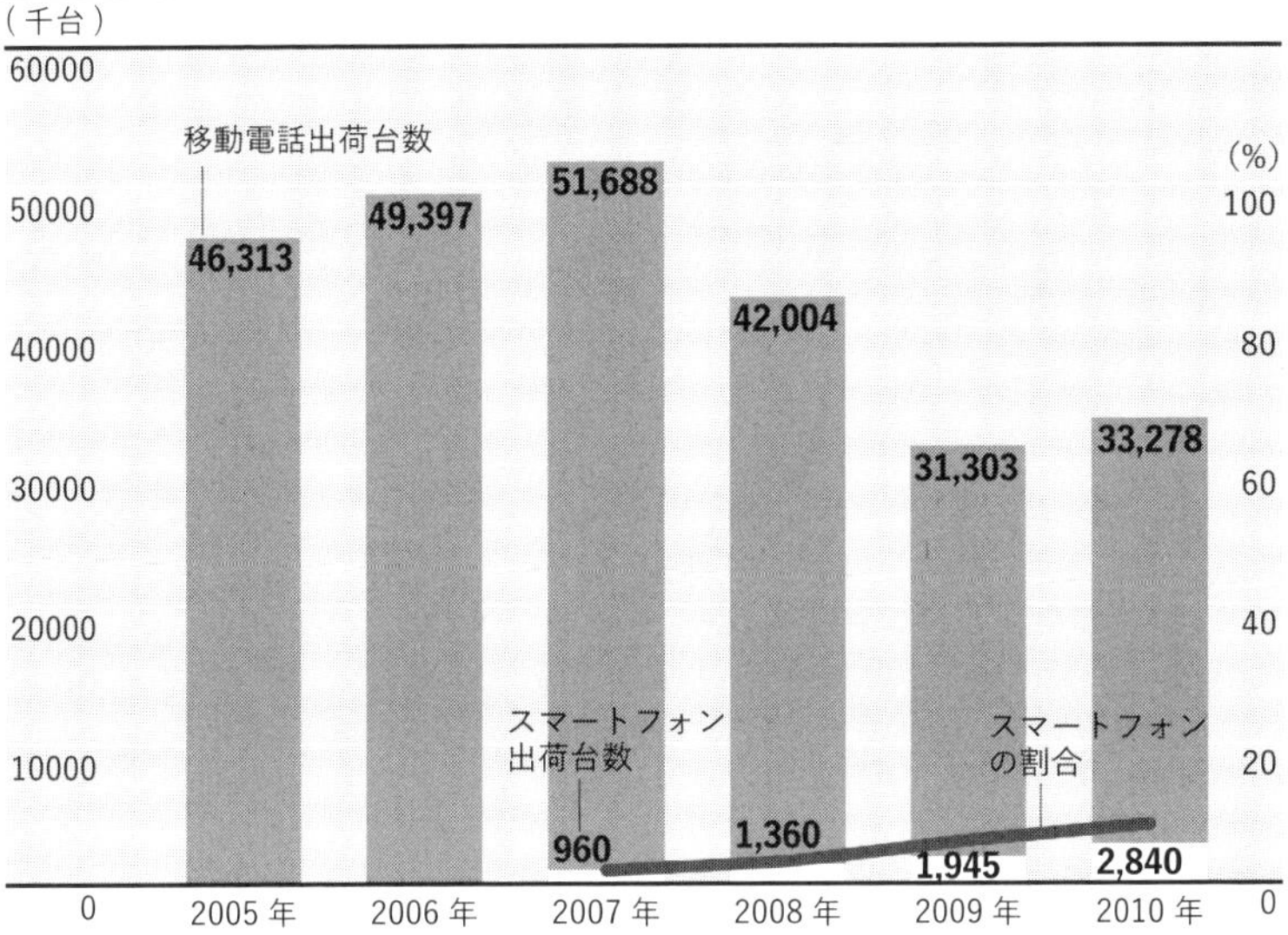

（単位：千台）

	2005年	2006年	2007年	2008年	2009年	2010年
移動電話出荷台数	46,313	49,397	51,688	42,004	31,303	33,278
スマートフォン出荷台数	-	-	960	1,360	1,945	2,840
スマートフォンの割合	-	-	1.9%	3.2%	6.2%	8.5%

出典：電子情報技術産業協会、矢野経済研究所。※スマートフォンの2010年の数字は予測。

17▼OS……オペレーションシステムのこと。ハードウェアを動かすための一番基礎となるソフトウェアで、ユーザーが使うソフトウェアはOSの上で動作する。従来のガラケーではOSに自由度がなく、ユーザーが自分でソフトウェアを追加して機能を足すということが難しかった。

18▼アプリケーション……ある特定の目的を持ったソフトウェアのこと。パソコンのアプリケーションと区別する意味も込めて、スマートフォン向けアプリケーションは通称App（アップ）と呼ばれる。

19▼ソーシャルメディア……情報発信サービスの中で、ユーザーの発信した情報が多くの人に伝わり、社会全体に影響を与えるメディアに成長したものが現われた。それがソーシャルメディアであり、従来のマスメディアとは区別して語られる。Twitterやfacebook、YouTubeなどが含まれる。

20▼Wi-Fiネットワーク……携帯電話の電波エリアのように広範囲ではなく、家庭内のような狭い範囲で、高速なインターネット接続を無線で実現する手法。

●家庭内無線LANをなんとかできないか

同じ問題はゲーム機にもある。ゲーム機がネットにつながる主な理由は、メーカーが管理するゲームコンテンツの販売である。したがってそのアクセスは、まず自社サイトに誘導されていく。このゲーム機のブラウザ自身には標準では何のフィルタリングもされていないので、そこから無法地帯になる可能性がある。

この問題に対しては、メーカーが有償のフィルタリングを用意している。例えばPS3では、「i-フィルター for PS3」（月額315円）か、「トレンドマイクロ キッズセーフティ for PS3」「トレンドマイクロ ウェブセキュリティ for PS3」（年間1980円、両方で3480円）が選択できる。さらに言えば、ゲーム機ではそのプラットフォームで動くソフトウェアはメーカーががっちり管理しているので、子供が独自に変なソフトを入れて網を抜けるといったことは考えにくい。

しかしスマートフォンの場合、あるいはiPadやiPod touchでも同じだが、米国でiPhoneをJailbreak▼21することが合法になったように、ちょこっとしたツールを使うだけでフィルタリングを無効にしてやりたい放題になる可能性もある。もっと簡単な方法として、PCにつないで工場出荷時の状態に「復元」されてしまうと、もう親が何を設定していても無駄である。この点はPCと似ていて、たとえフィルタリングソフトを導入しても、復元ディスクを使って工場出荷時の状態にまで復元してしまったら、せっかくの設定も全部無効で子供はやりたい放題、という状況と同じだ。

従来のガラケーならともかく、Wi-Fiにつながる端末が増えてくると、もうそれぞれの端末ごとに固有の仕掛けを施していくのは、無理な時代に突入しつつあるということだ。リテラシー教育がまず先にあるべきだと筆者は考えており、その点は変わらないが、ペアレンタルコントロール▼22という視点では、親はもう少し上流に上って一元管理する必要がある。

親が家庭でやれそうな自衛手段を考えてみると、Wi-Fiルータ▼23になんらかの仕掛けを作れないか、と思う。デバイスごとのMACアドレス▼24は分かるわけだから、ルータにフィルタリング機能を持たせ、例えばゲーム機やテレビは誰が使おうとフィルタリングはしとこうよ、とか、子供のスマートフォンはフィルタリングするが、親のiPhoneはフィルタリングしない、とか、家庭のデバイスごとに振り分けるという方法が考えられる。あるいは子供も使うフィルタリングありチャンネルと、大人用のフィルタリングなしチャンネルの2波に分けるといったことでもいい。

またルータなど一度買ったら、壊れるか新規格が出るまでは稼働し続けるわけだから、だいたい3〜5年ぐらい電源を入れっぱなしである。子供の年齢をセットしておけば、成長に合わせて自動的にフィルタリン

21▼Jailbreak……iPhoneではAppleの審査をパスしたAppしか入れることができないが、この制限を外す行為をJail-break（ジェイルブレイク＝脱獄の意）と呼ぶ。米国では2010年にJail-breakは合法と判断された。

22▼ペアレンタルコントロール……子供の適切なインターネット利用は、親が責任を持って管理するという考え方。米国や韓国ではペアレンタルコントロールの実践率が高い。

23▼ルータ……パソコンなど複数の機器を1本のインターネット回線に接続する際に使用する、ネットワーク機器。接続された機器同士を相互に繋ぐ機能も持っている。ルータに無線接続機能を付けたものがWi-Fiルータ。多くのモバイル機器は、無線によってインターネットに接続する。

24▼MACアドレス……インターネット接続機器に対して、あらかじめ割り振られている固有の番号のこと。

グ枠を変動させていくこともできるのではないか。

ケータイのサービスプロバイダが安全・安心を売りにできたように、ルータ市場もこういった安全・安心が競争力になる可能性もまた、あるのではないかと思う。

●最も安全な端末がケータイという事実

子供にケータイを持たせる、持たせないの議論の種は尽きないが、そんな騒動を横目で見ながら、携帯電話事業者は着々と穴をふさいできている。2011年1月19日にKDDIと沖縄セルラーが発表した「年齢確認サービスの提供」もその1つだ。

mixi、モバゲー、GREEは今やケータイにおける3大SNSと言っても過言ではないだろう。それ故にこの3社が関係する福祉犯罪が起きると、それみたことかとマスメディアが一斉に叩くという構図が出来上がっている。しかし、この3社が何の対策もしていないかといえば、そんなことはない。この3社のサービス内において、大人と子供がどのように「出会う」かという方法論は、かなり調べ尽くされている。

大人と子供の「出会い」の流れとは、こういうものだ。まずは大人が年齢を低く詐称して子供（女子）の多いコミュニティに参加し、仲良くなったあと個人的な連絡先を交換、実際に会う。これに対して各社では、年齢が離れすぎている場合はミニメールが送れないといった制限を設けてカバーしてきたが、利用者がサービス登録時に年齢を詐称していた場合、つまり大人が子供に化けていた場合には防げないという弱点があった。

年齢情報の詐称を防ぐために、これまでは利用者のフィルタリングの設定状況をチェックするなど間接的な方法が使われていた。しかし今回の年齢確認サービスによって、キャリアが持っている契約情報から年齢が確認できるようになる。具体的にはauの契約時に登録した契約者あるいは利用者の生年月日を元に、現在の年齢を算出し、コンテンツ提供会社がリクエストした年齢確認、例えば18歳以上なのか未満なのかといった判定情報を渡すという仕組みである。コンテンツ提供会社には、具体的な生年月日や年齢は通知しない。単に指定された年齢より上か下かを判定をするだけである。

この年齢確認サービスに1月下旬からGREE、2月からmixi、4月にモバゲーが対応した。現状はまだauだけだが、他社も遅かれ早かれ追従するだろう。

●PCへ逃げる子供、リスクが増大するネット

子供たちは、監視下に置かれたSNSでどうやって実際に「出会って」いるのか。2011年1月24日に開かれた安心ネットづくり促進協議会内の「コミュニティサイト検証作業部会」において、(株)サーベイリサーチセンターが実施した調査結果が報告された。この調査は、実際にSNSで知り合い、異性の大人と1対1で会ったことがある青少年を優先的に抽出した、長時間のインタビューである。

この調査によれば、コミュニティ機能によって共通の趣味を持つ人と出会う「認知・関心期」、日記・つぶやきなどで相手が信頼できるかを見極める「観察期」、ミニメールなどSNS内の機能を利用して信頼性を確認する「接触期」など、実際に会うまでを6つのステップに分類している。

これらの過程の中で、個人的な連絡先をやりとりするためにさまざまな抜け道があることが分かっている。1つはメールアドレスやSkype ID▼25のような連絡先を、写真や画像で送り合うという方法。現在、利用者のあいだでやりとりされる文字情報に関してはたとえミニメールでも監視対象となっているが、それはある程度抽出ワードを用いて自動検出したものを、人が監視しているから可能になっているわけだ。それが画像や音声になってしまうと、自動検出が及ばないために、どうしても監視が甘くなる。

もう1つは、ニコニコ生放送▼26やUstream▼27といったネットの生放送を使って、個人情報をやりとりしている事例。こちらのほうは、ケータイ事業者の監視の及ばないツールを使ってコミュニケーションを行なっている。現状一般的なケータイでは、UstreamやSkypeといったビデオチャット的な機能は使えない。まだ青少年にはスマートフォンの普

25▼**Skype ID**……Skype（スカイプ）はインターネット回線を使って双方向の通話ができるサービス。このサービスを利用するためのIDが、そのままサービス内での連絡先となる。

26▼**ニコニコ生放送**……（株）ドワンゴが運営する、インターネット生放送サービス。日本で開発されたサービスで、独自の文化をもっており、中高生にも利用者は多い。放送の考え方としては、あらかじめ放送枠の申請が必要などといった点で、テレビ局のそれに近い。

27▼**Ustream**……ユーストリーム。米国で生まれたインターネット生放送サービス。日本ではソフトバンクが出資し、日本法人もできたことで、国内利用が活発化した。放送時間の制限がなく、いつでも始められるところがメリット。

及は本格的に始まっていない段階なので、まずPCを使っていると考えていいだろう。PCにはケータイにおけるキャリアのような、1人1人の契約情報を握る存在がなく、また年齢認証が甘いコミュニケーションサービスも多い。このPCの利用実態把握が、今後子供の安心・安全を確保するための大きなポイントとなってくるだろう。

大人と子供が出会うことそのものが、短絡的に悪いというわけではない。趣味のサークルや社会貢献など、健全な活動に子供も参加できるとい

●オフラインでの交流に至る6つのステップ

❶認知・関心期

↓ 共通の趣味など自分と合いそうな人を探す段階で利用されることの多いコミュニティ機能は、相手の存在を認知し、関心をもつ時期に大きな役割を果たす。

❷観察期

↓ コミュニティなどで出会い、関心を持った相手と交流するにあたり、日記やつぶやきを見ることで、相手が本当に自分を同じ趣味を持っているか、普段どのような発言をする人なのかを確認する。

❸接触期

↓ 信頼できると判断するとミニメールや伝言板でのやりとりへと発展し、オンライン上の1対1での交流となる。

❹試行期

↓ 1対1での交流によって、オンライン上ではある程度信頼できる相手であると判断すると、リアルの友達と共有しているコミュニケーション手段（本アドレスや、個人情報を公開している別のコミュニティサイトなど）への移行を行うか否か判断するため、コミュニティサイト外のコンテンツを利用しての交流へと進む。具体的には、捨てアドレス（元々使わなくなることを想定して使用する仮のアドレス）を利用したメールのやりとりや、プリクラの交換による互いの外見（性年代がコミュニティサイト上のプロフィールと一致するか等）の確認が行なわれる。

❺信頼醸成期

↓ 試行期のやりとりで更に交流を深めると、本アドレスによるメールや、チャットによるリアルタイムの交流へと移行し、実際にオフラインで会うべきかを検討する。この時期においても、コミュニティサイト内のミニメールや掲示板での会話などは並行して行なわれる場合もある。

❻オフラインでの交流

出典：「青少年が利用するコミュニティサイトに関する実態調査（概要）」
安心ネットづくり促進協議会 コミュニティサイト検証作業部会

うのは、社会として理想的な環境である。そこではなく、青少年保護という観念で見ればアウトな行為が問題なわけである。しかし問題となる行為は、実際に出会っている最中に発生する部分なので、ネット事業者がその現場に介入することは難しい。

本来は水際でなんとかするのが筋なのだが、そこが難しいからといって水際の線が砂浜まで、あるいは海の家のあたりまで後退させられると、今度は健全な利用者にまで迷惑がかかる。今はそういう流れになっており、青少年保護を名目としたネット全体への規制が、リスクとしてどこまで容認されうるかという程度問題になってきている。

第2章●

学校のIT活用最前線

技術科の先生に学ぶ、情報と技術のあり方

今、学校で情報リテラシー教育の最前線に立たされているのが、技術・家庭科の先生たちである。インターネットの話だからPCが扱える先生お願いします、という格好になっているわけだ。

●技術科のポジション

技術・家庭で教える範囲は、とてつもなく広い。手元に文科省発行の「中学校学習指導要領解説 技術・家庭編」という冊子があるが、ここから教える内容を拾ってみると、材料と加工、エネルギー変換、技術と社会の関わり方、子育て、食生活、衣服、消費生活といった、生活知の項目が並ぶ。そしてそれらと並んで情報に関する技術として、情報通信ネットワークと情報モラル、コンピュータの構成と情報処理の仕組みなどが入っている。

中学校で行なわれている情報教育の現状を取材するために、筑波大学附属駒場中・高等学校の技術科、市川道和先生の元を訪ねた。筑駒と言えばもちろん首都圏最難関の進学校であり、2010年マイクロソフトが主催する学生向けのグローバルITコンペティション「Imagine

筑波大学附属駒場中・高等学校。国立唯一の男子校でもある

筑波大学附属駒場中学校
創立●1947年
生徒数●360名（定員）
教員数●46名（高等学校と兼務）
（2011年7月15日現在）

Cup」▼28にて、ソフトウェアデザイン部門日本代表となった「パーソナルコンピュータ研究部（パ研）」がある。この顧問を務めるのが、市川先生だ。しかしそこに待っていたのは、意外な答えだった。

「日本の学校はもう、子供を育てることに行き詰まって長いんですよ」

市川先生が教員になったのが約30年前、ちょうど校内暴力が吹き荒れて、学校が壊れた時代である。それ以降、総合的な学習、ゆとり教育、情報教育など、さまざまな方策が考え出されてきた。現場の先生方はそれに翻弄されながら、それでもやっぱり子供を人として育てることに徐々に行き詰まってきたのではないかと懸念する。

「技術論、そして技術とは何なのか。技術科においてはそこが芯になります。人の生活を豊かにする工夫が技術ですよね。そしてそれらは、人で成り立っています。サービスも技術も、作ったり動かしたりするのは人。ですが人と人とのコミュニケーション、お互い一緒につながりましょうというところがエラーを起こしているから、人をつなぐ手段も理解できない」

校内には有線LANが配備され、生徒が自由に使えるPCもある。しかし、フィルタリングなどはいっさいしていないという。市川先生曰く「無駄だから」。パ研の生徒らのPCやネットワークに対する知識レベルは、もはや市川先生でもかなわないのだという。フィルタリングソフトなどを導入すれば、まるでエサを与えるようなもの。嬉々としてすぐに抜け道を探してしまう。

以前は掲示板荒らしやグループで悪さをしたものもいたが、地道に指導していくことでカバーしてきた。しかしながらそれは生徒と先生、子供と大人というしっかりした関係があることが前提だ。それが崩壊してしまっては、もはや優秀すぎる子供たちを制御するのは難しい。

●子供に必要な技術とは

近年世界中で導入が進んでいる電子教科書に関して市川先生は、まだどういう態度で臨むべきかつかんでいない、という。

「これまで学校現場では、ITを取り入れることに関して数々のトライアルをしてきました。視聴覚教室から始まってLL教室▼29、ニューメディア、パソコンルーム、ネットワーク、電子黒板など。しかしそれらの導入に対する効果測定が、ちゃんとやられていないような気がするんですね。それなのにまた別のものを持ち込んでどうなるのか、という強い懸念を感じます」

筑駒のIT利活用度は他校の3倍ぐらい、かなり使い倒しているはずだという。例えば学校で使用するPCのOSは最近までWindows 2000やXP、Microsoft OfficeもOffice 2000だったりする。しかし最新のOSやOfficeでしかできないことが何かあるのか。生徒が作る体育祭や文化祭のプログラムを作成するのに、まったく困っていない。

「e-ラーニングが成功したのは、パソコンが珍しかったからですね。そ

28▼Imagin Cup……マイクロソフトが2003年から開催している、学生を対象としたITコンテスト。ソフトウェアデザイン、写真、アルゴリズムなど多様な部門があり、毎年100カ国以上が参加している。

29▼LL教室……LLとはLanguage Laboratoryの略で、音声や映像の教材を利用した、言語学習を行なうための特別教室。

れが飽きられると、今度はインタフェースに凝った。それも飽きられると、次はキャラクターに走った。結局子供たちを生き生きさせていくのは、機材や高価な設備じゃないということが分かってきたわけです。電子教科書もまずはデバイス云々ではなく、新しい教育スタイルの話が先に聞こえてくるべきではないでしょうか」

Imagine Cupの指導でもっとも重視したのは、プレゼンテーション能力だ。プログラミングの実際は、生徒たちに任せておけばいい。しかし自分が何をやりたいのか、プログラムの結果で何が成し遂げられるのか。眼の前にいる教員すら説得できないものに、GOは出せない。

「Imagine Cupでも、他国の子供のプレゼンテーションはものすごく上手い。もちろん練習もしていることでしょうが、現地の環境がそうさせるということでしょう。しかも彼らは、こうした方がいいというアドバイスをあっという間に身につけてしまう。しかしそれもまた問題で、それは自分の言葉で語っているということになるのか、といった疑問があります」

プレゼンテーションの重要性、そこまで大げさに言わなくても、自分が伝えたいことを正しい言葉使いで伝えられる能力は、今の子供たちの間で危機的状況にあるのではないか。少ない子供をみんなが大事に育てるあまり、子供たち自らが要求しなくても、周りがセットしてくれる。何か単語をつぶやけば周りが気を利かせて読み取ってくれる。

それがいつの間にか、ほんの少しの情報から多くを読み取ることが要求され、読み取れないものは「空気が読めない」とされるようになってしまった。しかし情報は、完全な形で伝えるから誤解やエラーがなく伝わるのである。今ネットや子供たちの間で求められている「空気を読む力」は、正しい情報リテラシーではない。

●コンピュータと子供の関係、そして情報のカタチ

子供の思考形成を、コンピュータがどこまで支援できるか――。市川先生が10数年前に取り組んだのが、LOGOという言語体系である。LOGOは米国の数学者・発達心理学者であるシーモア・パパートが開発したプログラミング言語だ。まだ小学校にも上がらないぐらいの子供とコンピュータとの対話を確保するために、いわゆる言葉としてのプログラミング言語ではなく、図形を言語の代わりに用いているのが特徴である。

このLOGO言語とブロックのLEGOが組み合わさった教材として、かつて「LEGO TC logo」という製品が存在した。残念ながら現在は製造中止となっており、変わりに「LEGO Mindstorms Education」という製品になっているようだ。ただしLEGO Mindstorms Education は、肝心の情報操作の部分がいまひとつブラックボックスになっているのだという。

「LEGO TC logo のいいところは、モーター、センサーがディスクリート（物理物）になっているところです。プラグをポートに差し込んで、ポート番号を見ながらプログラムしていく。子供の『こうやったらこうなるんじゃないか』という疑問に合う教材なんですよ。完成形がある教材は、その先へ行けないんですね。例えばこれは4足歩行のロボットですが、単に電源を

LOGO 言語で動く「LEGO TC logo」

入れてうごくだけならメカニックス、機械工学止まりなんですね。そうじゃなくて、センサーからのデータを情報に変換して、プログラムで思うように動かす。これは思考力、技術科で大事な設計する力を育てるんです。子供にやらせると大抵はなかなか上手く動かないんですが、そこがいい。失敗じゃなくて、どこがおかしいのかを教材が教えてくれる。それが対話なわけですよ」（市川氏）

我々が普段扱っている情報、何気なく「情報」と呼んでいるが、実はいくつかの段階に分かれている。一番下が「データ」、次が「情報」、その上が「知識」、最上位層が「知恵」である。「データ」とは、それ自体が特別な意味を持たない事実や数値のカタマリだ。「情報」は、データを意図・目的を持って集計・加工し、意味を持たせたものだ。「知識」は、情報の中に隠された意味を読み取って整理し、特定の目的に利用できる形に体系化したものである。いわゆる「ノウハウ」がこれにあたる。「知恵」とは、知識をベースにして、未知・未来の状況に普遍的に対応できるような蓄積である。

「実は現場の先生でも、これら全部を『情報』として捉えるケースが多い。自分が今扱っているのが、『データ』なのか『情報』なのか。見方を変えることで、段階が変わるんですね。今手元にやってきたものはなんなのか、どう見るかをきちんと子供に経験させることが大事なんです」（市川氏）

●情報の形

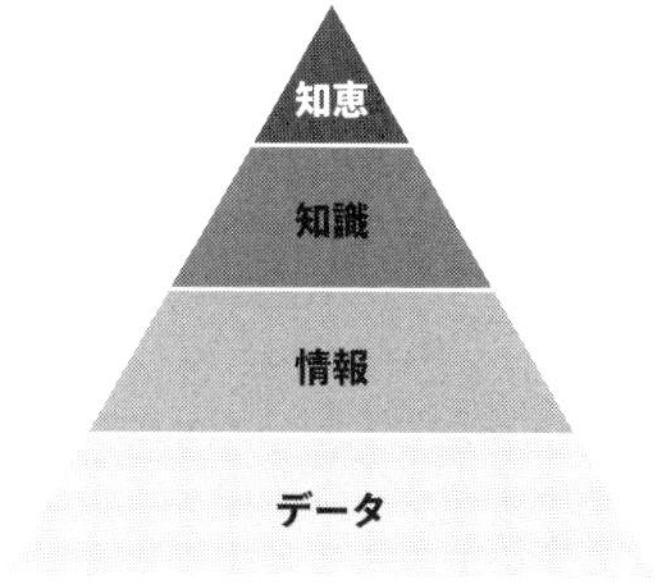

情報の形の図。一口に情報と言っても、
見方を変えれば段階が変わる

●反応しない子供たち

これら情報の階層は、普段我々が目にしているテキストでもあり得る。ネットのテキストは「情報」と言われているが、そこから何が読み取れるかで知識となり、知恵となり得る。また「情報」になりきれていない「データ」のようなものも存在する。こういうことをもっと早くに学べたら、社会人になってビジネス書をとっかえひっかえしながら、データマイニングやナレッジマネジメントなどというキーワードを必死に追いかける必要はなかっただろう。しかも手で触れる教材で、モノづくりの基本から学べるわけである。

「僕の心情を言うと、こういう教材に興味を示さない子供はいないと思うんですよ。人間は身の回りの不自由なことを、なんとかならないかと解決して、ここまで生活を豊かにしてきた。作るのが人間の本能、欲望みたいなものなんです。ところが現実問題として、こういうものに興味を示さない子が多い、むしろそういう子のほうがメジャーになってしまっているんですね。だから心配だし、問題なんです」(市川氏)

一体何がそうさせてしまったのだろうか。テレビ？　ゲーム？　おそらく今の論調では、やはりネットやケータイのせいになってしまうのだろう。市川先生は、ずっと前に問題は根深くなっていて、それに気づかないままネットの時代になってしまったのではないかと指摘する。

優秀な筑波大学附属駒場中・高の生徒にも、飛び抜けてコンピュータの知識がある一部の生徒と、その他の生徒の差が開きつつあるという。多くの生徒は平均的なことしかできないどころではなく、興味も関心もなく、できれば避けて通りたい、「コンピュータに深入りしてそれが将来役に立つのか？」と思っている。

「今は『これからの世代、情報教育は不可欠である』という定義ですが、これに対しても疑問を持った方がいいのかもしれませんね。『本当にそうなの？』という。もしこの懸念が当たってるとすると、今のこの子供たちの状況も説明が付くのではないでしょうか」(市川氏)

情報が「正しく利活用」できれば、原理原則は知らなくていいのか。次々に現われる情報を右に左に捌いていくだけで、子供たちから創る力が失われているとしたら、日本の未来は暗い。

●いまこそ「技術科」の重要性を認識すべき

2012(平成24)年度から、中学校は新しい学習指導要領が全面実施となる。これに合わせて各教科書会社では、新しい指導要領に対応するための教科書改定が進められている。

IT分野での大きな変化は、これまで高校から必修教科となっていた「情報」の一部が、中学校の「技術・家庭」の技術分野に組み入れられることだ。

これまで技術・家庭の教科書を出していたのは、東京書籍と開隆堂出版の2社しかなかった。そこに3社目として、教育図書が参入する。教育図書が初めて手がける技術分野の教科書には、筆者も編集協力という形で一部の監修をお手伝いしたが、監修と執筆の中心的役割を果たしたのが、市川先生である。

市川先生は新しい技術分野の教科書を、これまでの形にこだわらず一から議論して作り上げていった。その教科書をパラパラとめくりながら考えるのは、今の日本の技術力である。

未曾有の原発事故に世界中が震撼する中、筆者は日本を支えてきたはずの技術力というものに疑問を持ち始めている。それは核反応を制御するというような難しい事ではなく、パイプをつなぐとか、穴をふさぐといった基本的なところでずっこけている、無様とも言える姿に対してである。

〝壊れる〟ということは常に予想外の出来事だ。だが〝修理する〟というのもまた、一つの技術なのである。あるいは、限られたパーツを組み合わせて最低限の目的を果たすよう現場で対応する——そんな知恵もまた技術である。もちろん、高い放射線の中では普通の作業ができないのは承知だが、荒っぽいながらもどうにか現場でやってしまうようなことが、エリート主義の中で長い時間をかけて失われてきたのではないだろうか。

●手を動かしモノゴトを動かす「技術」

ネット経由で情報を受け取る行為が低年齢化している昨今、早めに「情報とは何か」という教育を行なう方向性は正しいと思う。日本の社会はＩＴの台頭に対して、情報・通信系の技術で食おうとしてきたようなフシもあるが、それらのイノベーションの中心は相変わらず米国で起こり、最近ではアジア近隣諸国でも起こり始めている。

長い目でみれば、そこに追いつけ追い越せでやる意義はあるだろう。しかし今回のような、日常生活が壊滅するような事態に対しては、人間が長い時間をかけて蓄積して来た「技術」が役に立つときである。組み立て図を見ながら組み立てる、ありもので簡単なものを作って代用する、壊れたものを元の動作を想像して修理するといった知恵が、なにより役に立つ。技術の教育とは、児童の学問、国語算数理科社会のどの分野にも入りきれなかった知恵のかたまりなのだ。

教科書に載っている技術は、一見誰でも思いつきそうなシンプルな形をしているが、実際には長い時間をかけて蓄積されたノウハウである。これをまったくのゼロから再発見し、再発明するのは大変だ。たった1人では、とてもそこまでたどり着けないかもしれない。だから技術を伝承するのである。日本の教育は何かを焦ったために、ここの部分をかなり取りこぼしてきた。

筆者が中学生の頃は、男子は技術、女子は家庭科と別れていたものだが、いまは男女とも同じものを学習する。技術というのは、力仕事ではないのだ。女子も学びさえすれば相当のことができるようになる。ただ、限られた時限数の中で男女が同じものを学ぶがゆえに、時間的に深く掘り下げることができなくなったというデメリットが発生している。

今後被災地では、復興に向けての動きが加速して来るだろう。ケータイ片手に情報を取るだけでは、家は建たない。国民全体の技術力が高い日本の姿もまた、教育によってもたらされるべきではないのか。学校でも家庭でも、伝えられる技術はできる限り子供たちに伝えていく必要がある。

校務のＩＴ化で得られるメリット・デメリット

●忙しすぎる先生、とりこぼされる子供

学校の校務のＩＴ化について、少し長い視点で調べてみようと思っている。きっかけになったのは全く個人的な動機だが、娘の部活動だ。

中学入学の頃こそ喜んで部活動に励んでいたが、次第に人間関係がうまくいかなくなっていった。つまらぬ嫉妬や確執が原因となって小さな派閥ができ、対立するような状況だ。まあそのぐらいは中学の部活にはよくあることで、筆者にも経験がある。ただスポーツではそれらの問題をオーバーレイする形の目標、すなわちみんなで強くなるとか大会で勝つといった目標があるから、乗り越えられる。そしてそこにコーチや顧問といった大人の目があり、指導があることで、それら子供の成長を支えていく。

しかし古き良き学校の部活動も、我々が子供の頃とはだいぶ違ってきていると思った方がいいかもしれない。先生が忙しすぎて、ろくに部活動に出てこられなくなってきているのである。先生にとっては、もちろん必要な校務を優先せざるを得ないわけで、気にはなっているのだけ

ど部活の子供と向かい合う時間が取れないということになってしまっている。

残念ながら娘のケースは、子供たちだけでは人間関係の修復がうまくできず、結局部を辞めることになった。親としては、そこに大人の目が少しでもあれば結果は違ったのではないかという、じくじたる思いが残る結果となった。忙しすぎる先生、それはもちろん、子供の学習のためにさまざまな校務をこなしてくれているわけだが、親の目が届かない学校内だからこそ、先生が子供たちをしっかり見ていてほしいという思いがある。

少しでも先生たちの校務を楽にできないか。単純作業の時間を短縮して、子供と接する時間を多く取ってもらえないか。そういう形での校務のＩＴ化の取り組みを行なっている学校を、取材している。

●成績はどこまでＩＴ化できるか

学校の先生方に聞くと、校務で一番時間が取られるのは、紙の処理であるという。すなわち宿題やテストの丸つけであったり、成績の集計といった紙から紙への転記、そして保護者への連絡事項など、学校から保護者への情報発信だ。

テスト採点のＩＴ化については、学校では一番賛否がある部分である。古くは共通一次、現在のセンター試験ではマークシート方式が導入された。言うまでもなく、採点の効率は大きく上がったが、ただ正解すればいいのかという部分での葛藤がある。

特に現場で生徒を前に指導中の先生方にとっては、デジタル的にマルかバツか分かるだけではだめで、どのような思考の過程を通っているのかを見ることが重要となる。そして設問から導き出されるそれらの思考プロセスの見方は、先生個人個人の技のようなものがあり、なかなか共有できない部分であるという。

一方で成績の集計に関しては、IT化の恩恵がある。通知表や成績表のようなものは、これまで先生の手元にある資料から一人一人に転記していた。成績を通知表に転記するだけで1週間かかっていたものが、IT化によって半分程度まで時間短縮が可能だという。

さらに期待できる部分もある。それは通知表、成績表という形にはまらない生徒の情報である。例えば小学校の場合、各生徒のこんないいところがある、こんな優しいところがあるといった情報、あるいは家庭環境が複雑であるといった個人情報は、どうしてもこれまでの通知表のようなフォーマットからはこぼれ落ちてしまう。従来先生の個人的なメモでしか残っていなかったこれらの情報は、他の先生と共有することが難しかった。しかし、これらの事項の書き込みができるようなシステムで、情報を共有することができれば、学年が上がったときの担任の引き継ぎや、学校行事で学年全体を多くの先生で同時に見なければならない時など、よりスムーズに実行できるだろう。

ただ校務のIT化は、試しにちょっと入れてみるということが難しい。入れてみてダメだったら、元に戻すことができるかという問題もある。公立校では各自治体のモデル校にでもならなければ試験運用はできないだろうし、仮にＩＴ化を推進したい先生がいたとしても、やるかどうかは基本的に校長先生の判断になる。しかも公立校であれば、市や県で同じシステムを一括導入するという大きな話になる。さらに公立校ならどこでも同じというわけではなく、地域ごとに細かく事情が違う。

●アウトプットのＩＴ化で得られるもの

子供を小学校にやっていると、いろいろな書類が学校からやってくる。学校だより、学級だより、保険だより、ＰＴＡからのお知らせ、校長先生からの通達などなどだ。平均すると毎日1～2枚の、Ｂ４もしくはＢ５いっぱいに印刷された紙の情報がやってくることになる。一週間で10枚以上、年間で４００通あまりも届くわけだ。

もちろんそれぞれが重要なお知らせではあるのだが、給食の献立表にいたるまですべてに目を通している保護者がいるとは思えない。しかもそれぞれ紙を発行するところが学校組織内でバラバラなので、どれがプライオリティが高い情報なのか、保護者側で判断することになる。当然、図工の用意として〝なにか空き箱を持ってきてください〟的なお達しを、うっかり見逃してしまうことになる。

ある時筆者が渡米中に、長女から国際電話がかかってきた。こちらは朝の5時である。下の子が明日から学校なのに、持って行くものが分からない、というのである。冷蔵庫の扉にクリップしてあったプリントがあったのだが、冬休みの間にどこかになくしてしまったらしい。こういう紙ものは、長期間目に付くところに置いておくということが難しい。

学校からのこのような連絡は、早くIT化してくれないかと思う。メールで届けば、重要なものはマーキングしておけるし、学校の公式サイトに全部情報が載っていれば、プリントをなくして前の晩に大騒ぎする必要もなくなる。学校の時間割表にしてもそうだ。最近は2学期制の学校も多くなったが、そうなると同じ時間割を半年使うことになる。所詮紙なので、ランドセルに入れていると最後の方にはもうボロボロだ。

学校側はプリントを大量に発行することで、情報を積極的に出しているつもりなのかもしれないが、こちらから望んで必要な情報がPull▼30できないと、あんまり意味がないのではないか。うちの小学校などは学校だよりが子供からだけでなく、回覧板でも回ってくるのだが、子供がいない家庭にそういうものを回しても大して役には立たないし、それが「開かれた学校」という意味じゃない。先生は伝える職業の人なのでそういう発想になってしまうのかもしれないが、必要な人が望んでPullしたときに情報が得られることこそ重要なのではないか。

神戸の須磨学園では、制ケータイ▼31を導入して、学校と家庭の関係が変わったという（83ページ参照）。保護者が子供の制ケータイを借りて学校にメールで連絡してきたり、子供が学校のイントラネットに入って先生から課題のヒントを貰ったりしている。先生の負担増はあるかもしれないが、先生が子供に向き合う時間がそれによって増加したとも言える。本来は、その時間を作るためのＩＴ化なのである。

●破綻する連絡網の現実

学校の連絡網も、今難しいところにさしかかっている。筆者らが子供のころは、電話番号とともに住所も載っていたので、子供同士が年賀状のやりとりをするのにいちいち住所を交換する必要もなかった。しかし最近の連絡網は、電話番号しか書いていない。

これにはいろいろ事情があるようだ。まず大きいのは、２００５年から施行された個人情報保護法により、個人情報に対して過敏に反応する人たちが増えたということがある。住所と名前の組み合わせがプライバシーであるということに昇華してしまった。

この引き金を引いたのは、１つはGoogleストリートビュー▼32だといわれている。好きなあの子の家を住所を頼りに調べてみたりというぐらいならかわいいが、クラスメートの住まいを調べておまえのうちは貧乏だなんだと言う輩が現われたことが、事態を加速度的に悪くした。

その電話連絡網も、実際にはうまく機能していない。１年生の夏頃だったか、学校の連絡網のテストだということで、朝８時から連絡網を回すことになっていたのだが、待てど暮らせど電話が回ってこない。９時半を過ぎていい加減出かける時間になってしまったので、こっちから

30▼Pull……インターネット用語で、情報を自分の方から引き出す行為のこと。逆に相手側から強制的に送りつける行為を、Pushと言う。

31▼制ケータイ……制服、制帽などと同じように、学校が公式に採用した携帯電話。須磨学園では２０１０年より段階的に、中高の１年生から導入を進めている。

32▼Googleストリートビュー……米Googleが提供する地図情報Google-Mapのオプション機能で、実際の通りの様子がわかる写真が見られるサービス。通りを撮影するための専用車が全国を巡り、写真を撮影している。

遡って電話してみたのだが、2番目のお宅で止まっていたことが後日判明する始末である。後ろに連なる家庭全部に迷惑がかかるという意識を持たない保護者も、普通に存在する。

　連絡網が役に立たない理由は、ほかにもある。保護者、特に家庭に残る母親が外国人で、電話で日本語の会話が不可能な家庭があるケースだ。そんなのはレアケースだと思われるかもしれないが、特定地域の小学校では、すでにリアルな問題として対応が迫られている。そのほか子供が保護者からのＤＶ（家庭内暴力）から逃れて別居していたり、親戚に預けられているようなケースでは、そもそも連絡網に子供の名前と電話番号を掲載できない。

　今はもうオープンに家庭同士をリング状につなげるネットワーク化が、難しくなっているのだ。そうなると新しいネットワーク化の方向としては、学校をハブとして各家庭が直接つながる、スター型ネットワークしか手がなくなってくる。

　すでに一部の学校では、学校からのお知らせをプリントだけでなく、各保護者へ向けてＥメールでも送るところが出てきている。当初はこのような学校からの配信システムも、学校単位で管理することが求められていたが、最近はそういう業務を代行してくれる事業者も登場しており、アウトソーシングする学校もある。そもそもこういう業務は、場所が離れた大手に頼

●リング型とスター型

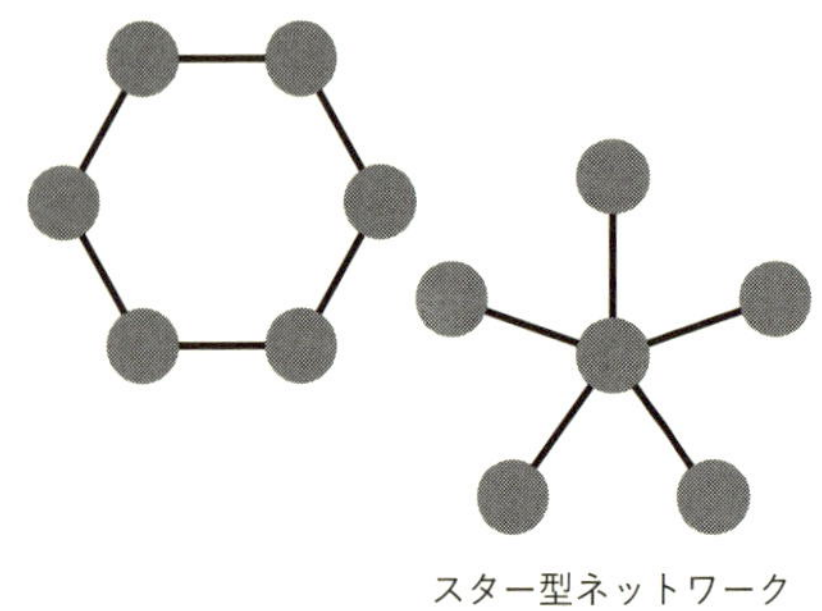

むよりも、むしろ地域に根を張っているケーブルテレビなどの企業が学校ＩＴ化の支援も含めて、もっと積極的に取り組むべき事業であろう。

もはや多くの人は、手紙や電話が情報伝達の中心だった社会の中に生きていない。社会の構造変化に合わせた情報改革を、学校が中心となって進めていってもらわなければ本当に困る事態が、もうすぐそこまで来てしまっている。

●Twitterで実現する「開かれた学校」

筆者が代表理事を務めるＭＩＡＵでは、２００８年から情報リテラシー教育教材を作り、学校の先生方と徐々につながりを持ってきているが、２０１０年度は学校のすごい取り組みを取材していこう、というプロジェクトを始めた。

そこで知ったのが、埼玉県越谷市立大袋中学校である。この学校を２０１０年4月から率いる、大西久雄校長がすごい。学校のイベント情報を始め、部活動の練習風景など、子供たちの学校での活動状況をTwitterで発信するという方法論を構築、実践している。

筆者も子供2人を学校にやる立場だが、学校から届けられる情報は、保護者向けに配られるプリントのみに限られる。しかもそれらのほとんどは学校から保護者への依頼案件で、保護者として知りたい子供の様子などはほとんど分からない。そういう意味では、学校というのは親から見ても、非常に閉じられた空間である。

Twitterで学校の情報を配信する埼玉県越谷市立大袋中学校

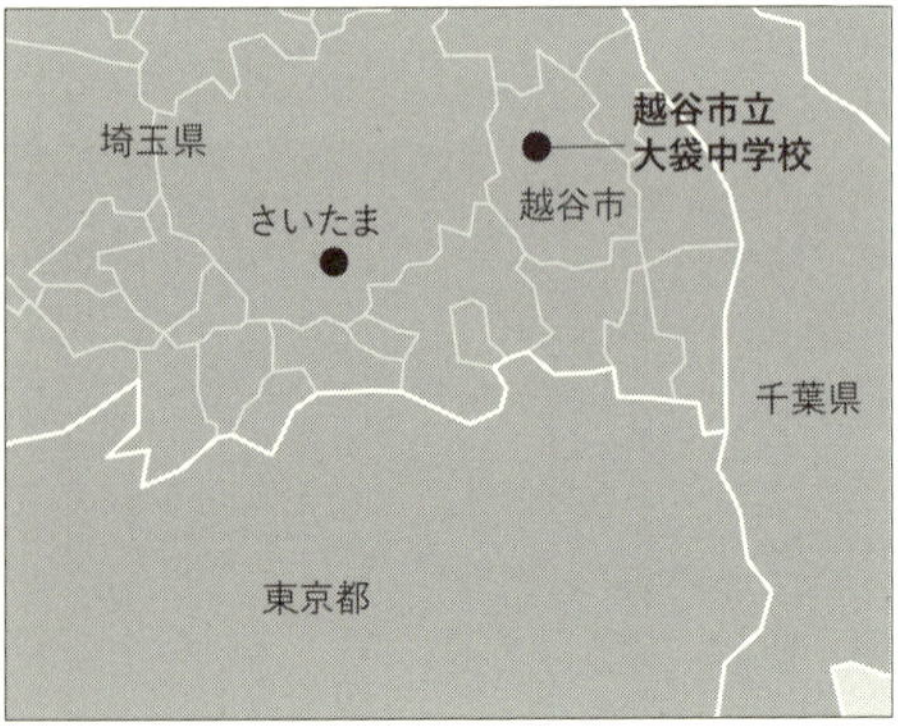

越谷市
創立●60.31平方キロメートル
生徒数●138,321世帯
教員数●328,823人
（2011年7月1日現在）

越谷市立大袋中学校
創立●1980年
生徒数●379名
教員数●31名
（2011年1月1日現在）

大袋中学校のTwitterが本格的に活用されたのは、2010年6月の修学旅行である。各班に分かれた引率の先生たちが分担して、生徒たちの様子を写真付きで公式アカウントにツイートしていく。保護者はそれを見て、ああ今日泊まるホテルはこんなのかとか、朝ご飯にはこんなものを食べたのかとかいったことが、写真付きでリアルタイムで分かる。また生徒たちの様子も、写真付きで投稿されている。

保護者間もこの学校公式Twitterにより、「こないだのあれ見た？」といった具合にコミュニケーションが緊密になり、同時にこれまでネットやＩＴに興味がなかった保護者に対しても、関心と理解を促す効果が上がってきているという。

従来の考え方で言えば、子供の写真をネットに載せることはタブーであった。しかし隠そうとするほど、人は興味本位でそれを暴露しようとする。大した情報でなくても、隠していたものを暴いたという行為に、価値を見いだすわけである。

それとは逆に、学校公式として堂々と載せとけばいい、なるべくオープンにしておくことで安全性が確保される、という考え方もあるわけだ。もちろん写真は、生徒個人のアップなど顔が鮮明に分かるものや高解像度のものはなく、そのあたりはさりげない配慮がされている。だがモザイクや目線隠しのような処理は行なわず、そのままである。隠そうとするから、怪しく、いやらしく見えるという心理の逆を行くわけである。これを実現するまでには、相当のエネルギーが必要だったことだろう。

●学校ならではの工夫

オープンなソーシャルメディアを学校公式として活用するにあたって、大西先生はかなり綿密な研究をされている。公式のツイートはブログパーツによって学校の公式サイトにも掲載されるが、公共性を配慮して学校アカウントからは、保護者をフォローしない。また個別に返信などするとタイムラインに載ってしまうので、それも行なわないといった運用規定を作っている。他の学校にも参考になると思うので、許可を得て運用規定を転載しておく。

大袋中学校ツイッター運用規定

一．その公共性の高さを考慮し、配信は校長のことばであることの自覚のもとに行なう。判断に迷う場合は、必ず管理職に相談するものとする

一．上記規定に則って、基本的にツイッター配信は大袋中職員が誰でも行なえるものとする

一．大袋中のツイッターは個人へのフォローは基本的に行なわないものとする

一．公式アカウントでは、個人名の記載、またはツイートされたものへの返信は、外部者をタイムラインに入れる事になるので行なわないものとする

一．学校教育効果等の観点から外部者のツイート内容を紹介し、それにコメントする場合は、ツイート内容をコピー＆ペーストで紹介する

一．行事等の配信をするときは、ツイートの最後に後の検索に便利なハッシュタグを付ける

一．この他、著作権、肖像権に関わる事項は、ホームページの取り扱いと同様とする

なるほど、学校がソーシャルメディアを利用するにあたっては、通常の利用方法とはちょっと違ったセオリーが必要になるわけだ。だが学校の授業の様子や取り組みがTwitterで逐一配信されるのは、保護者にとってだけでなく、学校側にもメリットが大きい。なぜならば、オープンにさまざまな情報が発信されることから、学校に対する信頼感が増すからである。

一方で写真の掲載には、学校によっては慎重にならざるを得ないところもあるだろう。小学校の場合は特に、親のＤＶ（家庭内暴力）から逃れて遠くの学校に通う子供もいる。顔が分かる写真が掲載されることで、居場所がバレてしまうという懸念もある。

だからただひたすら闇に隠れて何もしない方がいいのだ、ということでは、教育環境として後ろ向きであろう。オープン性を確保しつつ、そのような生徒の事情が確実に教員の間でシェアできる校務システム作りというのもまた、重要になってくるわけである。

インタビュー

校務のＩＴ化はどこまで可能か

柏市立田中小学校　西田光昭先生

今学校には、ＩＴ技術がどんどん入ってきているのをご存じだろうか。電子教科書の導入を睨むまでもなく、すでに校内ＬＡＮを完備している学校も少なくない。ただ、学校にネットをひくことで、結果的に何が達成できるのか。子供たちのより良い教育のために活用していくというのはもちろんだが、我々保護者が期待する部分として、先生たちが自分たちの子供にもっと目を配って貰える環境ができないか、という点は外せない。結局人を育てるのが人であるという原則は、ＩＴ技術がどれだけ入り込もうと変わらないのだ。

それならばＩＴ技術を使って、先生方の校務の負担を減らせるのではないか。特に人間形成にとって重要な時期である小学校において、先生方がもっともっと子供たちと接してくれる時間を、ＩＴの活用によって捻出できるのではないか。そのような事例を調査したところ、校務のＩＴ化に積極的に取り組む千葉県柏市立田中小学校に行き着いた。そのリーダーとなっている教頭、西田光昭先生にお話しを伺う。なお西田先生は２０１１年現在、同市高田小学校教頭に赴任されている。（インタビュー収録・２０１０年7月30日）

――田中小学校では、校務ＩＴ化についての取り組みを先進的に行なわれているとお聞きした

千葉県柏市にある田中小学校

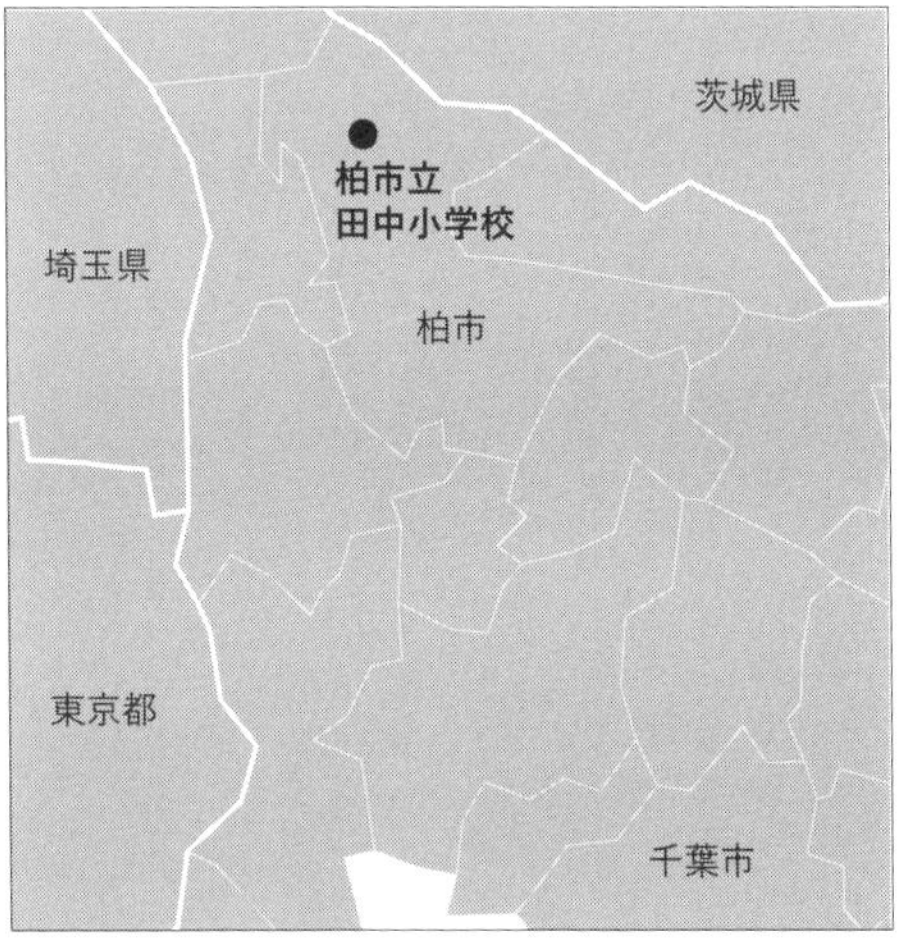

柏市
面積●114.90平方キロメートル
世帯数●163,356世帯
人口●405,233人
（平成23年4月1日現在）

柏市立田中小学校
創立●1931年
生徒数●659名
教員数●30名
（2011年7月15日現在）

のですが、その経緯等についてお聞かせいただけますか？

西田◉柏がインターネットを学校に入れたのは比較的、後進です。早いところでは、１９９４年に通商産業省と文部省（当時）の「１００校プロジェクト」▼33や、１９９６年ごろＮＴＴが推進した「こねっと・プラン」▼34などに乗った学校もありましたが、そこと比較すると大分遅かったですね。

——導入したのはいつ頃ですか？

西田◉最初に導入したのは97年頃だったと思います。

——97年頃で後発になるんですか？　ずいぶん早いような気がしますが……。

西田◉１００校プロジェクトなどから比べると後発でしょうね。地域にある麗澤《れいたく》大学から柏市の教育委員会に、地域貢献の一環として、麗澤大学モラロジー研究所の回線を地域に解放できないかという打診があったのが最初です。当時、市教委ではネットワーク利用ということに全然対応できないでいたので、どう進めたらよいか、いろんな協議をしながら進めていきました。当初から学校という環境は、子供たちが勉強する場と同時に、先生たちが仕事をする環境であることを前提に考えていましたから、校務用のＬＡＮを作らなければならない、そして一斉に授業で使えるための環境も、どちらも整える必要がありました。現在校内ＬＡＮはすべて２系統。子供たちの学習用と校務用と、当初からそういう設計をしていたため、校務のＩＴ化などはやりやすかったというのがあります。

――当時は、学校内でインターネットで何をやろうと考えておられたのですか？

西田●当時は、子供たちが学校の外と接する機会を増やすことができるだろうと。また、インターネット上のコンテンツ、教材、素材を使えるだろうという見込み、それから今まで教室の中でしか共有できないものを外ともできるだろうということもありました。一般的なものだと思いますよ。ただ、地域のネットワークを作るという意味では先進的だったと思います。100校プロジェクト、こねっとといったプロジェクトは学校が中心でしたが、地域としてちゃんとネットワークを作り、それで学校を束ねるという動きでは先発的と言えるでしょう。

柏市のネットワークはKDDI Powered Ethernet▼35を使って、物理的に学校間をイーサネット▼36で統合したものです。最初は回線が高かったので、ISDN▼37でつなぐとかいろんなことをやりました。それが98年、文部科学省と総務省が協力して「学校インターネット」という事業を

33▼100校プロジェクト……1994年から通産省（当時）と文部省（当時）が共同で行なったプロジェクトで、111の学校や施設にインターネット環境を整備し、教育の情報活用を行なう目的で検証実験を行なった。初回は3年間で終了したが、翌年新100校プロジェクトがスタートし、これも2年後に終了している。

34▼こねっと・プラン……全学校にISDN回線などを利用したインターネット接続環境を整備する目的で、NTTや日立製作所などが参加し、1996年から開始したプロジェクト。当初は全国1000カ所の小中高校を支援したが、最終的には全国すべての小中高校を対象にした。2001年に終了。

35▼KDDI Powered Ehternet……KDDIが提供する、インターネットとは切り離された広域のネットワーク構築サービス。新たに専用線を引くのではなく、既存の電力系通信事業者の回線を利用する。

36▼イーサネット……家庭用を含め、一般にネットワークの有線接続で利用される技術規格。

37▼ISDN……デジタル化された公衆電話回線網を使った通信手法。速度が64kbpsしかないが、当時インターネット接続方法としては画期的であった。

やったんですね。この時にケーブルテレビのタイタス、今はジェイコムになってますが、そのケーブルを使った地域ネットワークを作りました。

——地域ネットワークというのは、生徒たちの家庭まで含まれるということですか？

西田◉いえ、学校機関を統合したネットワーク、学校だけでイントラができるというイメージです。そこに教育委員会も入ってますけど。その中で外に出すもの、内輪だけで共有するもの、校内で共有するものの3段階でネットワークがあります。それが次第に地域というよりは、外向きのところとしてウェブとかブログとか、いろんな形で保護者を対象にやるようにはなってきています。

——保護者に対して学校だよりなど出しますよね？　それはまだ紙ベースで出されているんですか？

西田◉基本的には紙ですね。ただ紙だとやっぱり伝わる速さの問題があるので、柏ではウェブの利用は多いと思います。市内の各学校ですべてウェブサイトを持っていて、ほぼ毎日更新しているところが1割。中には数ヶ月に1回というところもありますけど、平均すると週1回ぐらいは更新していると思います。

またウェブの発信以外に、緊急用のスクールメールのシステムを入れてます。これは不審者情報の発信が起点になっているんですけど、不審者情報もそんなにあるわけではないので、それだけやっているとシステムが生きているかどうかわからない。もっと活用の方法を考えて、学校の中継といいましょうかね、そういったものも行なってみてもよいかもしれません。

——スクールメールのシステムは、メールベースのものですよね？

西田●メールベースですね。基本的には希望者参加ということにしてますけど、うちの学校では90％の保護者が希望されています。

——そういうことをやりたい学校は多いと思うんですけど、システムの費用がかかってしまう部分で難しいと感じているところもあるようです。今後導入を検討している学校にアドバイスなどありますか？

西田●柏市でも失敗したと思っているのは、自分たちでいろいろと持っちゃうと、メンテナンスが大変なんですね。そこはＡＳＰ（アプリケーションサービスプロバイダ）▼38をうまく使うと良いんじゃないかなと思いますね。

緊急時のメールシステムは、緊急時に使えないと意味がない。市教委が持っていると、年に1回は保守整備で止まるんです。緊急時に動いている保障もないですし。そこは外部になげて安定して動けるほうが理想なんじゃないかと思いますね。外に投げる時に個人情報の管理がひっかかると思うんですけど、どこもプライバシーマークを持っているところが増えてきてますので、そこを確認して契約していければ大丈夫だと思いますね。

——学校の電話での連絡網はいまだに生きてますか？

西田●生きてますけど、電話の方が時間がかかってしまうん

38▼ＡＳＰ……インターネットを使ってさまざまなアプリケーションをオンラインで提供するサービス事業者。会計、顧客管理、グループでのスケジュール管理などが企業でも広く使われている。

です。保護者がいない、つながらないとか。メールの一斉配信の方が確実で早いですね。アドレスが変わっててメールが届かない場合も、実際にはお母さんたちの口コミでフォローされているということもありますね。行事の時などは特に。去年は雪で中止にした行事があり、前日に紙、メールでお知らせしたんですけど、やはり学校に来てしまった人が3、4人いるんですね。なので結局、何をやっても全員に届くわけではないということなんです。

——余計に複数の連絡手段を使うことが必要だと。

西田◉そうですね。親もケータイを使える人が増えたので。今年の林間学校では、引率の教諭がアップする形で写真を掲載する掲示板システムを運用したんですね。現状として児童数が100きっている中、2泊3日で大体1800アクセスがありました。カウンターのアクセス数なので、重複はあるとは思うんですけど、履歴を見るとケータイがかなりあります。もちろんPCが一番多いんですけれどもね。親側の環境も変わってきているなと感じますね。

——学校としての情報発信のしかたは学校単位で違いますけど、これはどなたが判断されるんですか？

西田◉最終的には校長の判断です。というのは、地域性の問題もあるんですね。保護者に外国籍の人が多いところだと、メールでも紙でも情報が届かない。そういうところはまた、別の方法を考えなければいけない。柏市の場合は、ほぼメールが一番安定して使われていますね。

——学校の情報をどんどん出していった方が地域に分かっていただけるという考えの先生と、

あまり出したくないという慎重な先生といますけど。

西田◉私が見てきた中では、情報を出せばだすほど、親は納得、理解して支援してくれますね。情報を抑えると「何なんだろう」という話になりますね。

——保護者の理解を得ていくことは大事なことですね。

西田◉学校が何を進めようとするか分からないと、家庭と学校で違うことを言ってしまう。それが一番困るんですね。学校はこう考えてこうしてますよということがわかると、それと同じようにしてくれたり、それに対しての意見が来たりします。その中で学校運営って出来ていくんだろうと思います。

●校務のデジタル化、何を変え、何を残すか

——では具体的な校務のIT化について伺っていきます。先生方の校務って紙ベースの作業にかなり時間がとられると伺っています。その辺りをIT化することで、時間短縮も見込めるのではないかと思うんですが。

西田◉校務というのは、紙から紙に転記する手間がかなりあるんですね。これをIT化すると、手書きでメモなどの書きこみができないという問題があるんですけれども、作業が再利用できると先生方に勧めてきました。

おととし、柏市では通知表、成績表のシステムを一斉に導入しています。最初はコンピュー

タなんかという先生もいましたけれども、1回入力してしまえば、誤字脱字を直す事はあっても転記することが少ない。今までは大元のものを書き、通知表に手書きで移す。それが1週間かかっていた。

しかしIT化すれば、先生方は情報を作ることに一生懸命になっていただければあとは大丈夫。これまで通知表に転記するために1週間かかっていた仕事が、3、4日までに短縮できました。こうなってくると、授業がぎりぎりまでできるといったメリットが出てくる。子供たちにとっても、頑張ったところがギリギリまで反映できるというメリットが出てきてますね。

——成績を集約する時のデジタル化は検討されていますか？

西田●今のところは手入力ですね。一部では、デジタルで○×が見られるというシステムもありますけれども、現状、それを使っている先生は、「そういうものを使ってみたい」というレベルの人ですね。昔からあるアナライザーとしては、子供の反応を記録するシステムなどもあって、いろんな実験をされてますけど、まだ利用はごく一部ですね。

——先生方にアンケートすると、答案の丸付けに時間がかかるという意見が数多く出てきました。そこを軽減する方法ってありますか？

西田●テストをマークシートにすれば、そこは早いですよね。ただマークシートで対応できるのは、選択的な設問のものに限られます。しかしテストでは言葉を書く、あるいは計算の途中が大切です。そこがマークシートではうまくとれない。先生方が生徒の何を見ているのかがわからないと、なかなか評価、評定に結びつけにくい。

――何をどう見ているかは、先生によりますよね？

西田◉そうです。経験にも依存しますし、授業の目的とか構成によっても内容が変わってくる。発言を多く出せばよいのか、じっくり考えた発言を引き出すのが良いのか、一概には言えないんです。

――やはり、ある程度は先生の手作りになってしまう部分があるんですね。

西田◉はい。だから機械的、アーキテクチャ▼39でできるところ、IT化できるところはやって、短縮した時間を生徒と直に接する時間を増やすことができれば、効果が上がると考えていますね。全部を無理にIT化しようとは考えてはいないんです。

――人力でやって労力の割に報われないところをIT化していくと。

西田◉そうですね。もう1つIT化すると良いなと思うのは、今子供の情報は、主に担任だけのものになっているんです。その情報を担任以外でシェアできないかなと。点数や成績という意味ではなく、行動についても、こんな良いところがあるんだとか、こんな優しいところがあるとか。

――子供の特性を丹念に見ていくと、必然的に自由記載が多くなりますよね。

西田◉その自由記載になったものをたくさん集めることで、その子の特徴、傾向が分かるんですね。ところが今は、担当の先生の、自分のメモしかないんです。

39▼**アーキテクチャ**……元々は建築様式を表わす言葉だが、コンピュータ用語としては技術的な設計様式の意味で使われる。

——そういった情報をシェアすることは、学年が上がって担任が替わる時に有効ですね。

西田●だと思いますね。今のところは、通知表の形でしか残っていない。ところがそこに表せないものは、いっぱいあるんですよね。

●子供たちのパソコン学習

——我々MIAUで調査を行なったところ、中学生では手書きよりもケータイの方が早いという子供が、今年でもう5割を超えてきたんですね。文字入力のメインストリームが、テンキーになる可能性もあるわけですが、本当にそれで大丈夫なのかと思うんです。小学校での文字入力は、キーボードが主体ですか？

西田●キーボードがベースですね。昔は、かな入力を教えていたんですけど、結局あとでローマ字入力を覚え直すことになってしまうので、最近は最初からローマ字入力です。文部科学省の学習指導要領も、かつては4年生でローマ字だったのが、今は3年生でローマ字を覚えると変わってきたんですね。どの程度までできるようになればいいかというのは、いろいろ意見が分かれるんですけれども、手引きとか基準で出てくるのは、6年生を卒業できる段階で原稿用紙1、2枚は少なくとも書けるようになってほしいと。したがってまず3年生では、短文が入力できればOKでしょう。最初の基本になるのが、ファイル名をつける時に、名前、単語が入力できるかどうか。それは2年生でできるようになってほしい。

——ローマ字入力より先に、キーボードの仮名入力を先に教えるから混乱するのだという人もいますね。

西田◉当初はそれがありました。逆に1年生は、キーボードのかな入力よりも、ソフトウェアキーボードの50音表の方が、学習の中で望ましいんですね。50音表をちゃんとやっておくと、その後のローマ字入力に行きやすい。

学校のキーボードも、もうJIS規格▼40にこだわる必要はないのかなと。ただいろんなタイプが混在するのは、困ると思いますね。一時期、小学生は手が小さいのだからということで、小さいサイズのキーボードを渡して実験をしたことがあります。ところがそこでブラインドタッチを覚えると、あとあとフルキーボードになった時に困るんですね。

——今、学校の中は、無線LANは通ってますか？

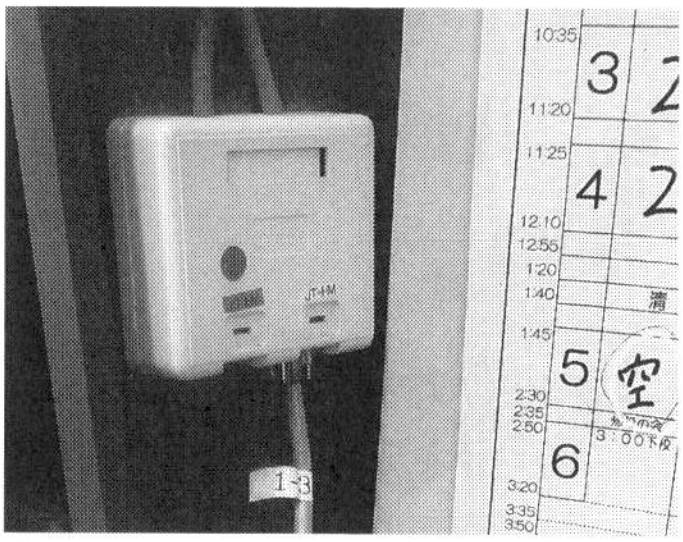
SとTの二系統ある有線ポート

西田◉柏の場合は、無線は入れていないです。その代わり有線を各教室に2本ひいてます。授業で展開するときにはS（Student）のネットワークにつなぐと、ログイン先がコンピュータ室のサーバーになりますので、それで使う。先生方が使う校務はT（Teacher）というネットワーク、そうすると職員室のサーバーにつながります。回線は物理的に変えたほうが良いですね。間違ってデータ

40▼JIS規格……日本のパソコンで主流のキーボード配列規格。仮名入力に対応できるとして学校での導入が進んだが、世界標準の英語キーボードと記号部分の配列が異なるため、国際社会に出たときへの弊害が懸念されている。また海外製のソフトウェアを利用する際に、一部のショートカットキーが使えないといった問題も指摘されている。

を置いてしまう心配がなくなるので。

——小学校にはクラスの人数分ＰＣがあるんですか？

西田◉コンピュータ室に38台入ってます。市立小学校なので、柏市の予算で全部入れてあります。今から10年ちょっと前は、文科省の基準が20台で、2人1台だったんですね。その時にはコスト的に変わらなくても、40台は入れてくれなかったんです。コンピュータは20台でディスプレイとキーボードが40台という、変な入れ方をしたこともあります。

——ＰＣの稼働率は？

西田◉時期にもよりますけど、1クラス週1時間割り当てられていますので、高学年だと週1回、低学年だと1月に1回。特別支援学級が1クラスあって、そこも週1回割り当てられます。

●先生のスキルとＰＣスペック

——先生方のＰＣ利用率は？

西田◉先生の利用率はバラバラですね、毎日使う人、1学期間使ってない人もいます。使う人は国語、算数、理科、社会と、ほとんどの教科で使っています。パソコンよりも、実物投影機を使う人の方が多いです。それぐらいであれば抵抗がない。ところがパソコンだとまずログインしなければならないなど、使うまでに手間がかかってしまいます。使う人は、つなぎっぱなしで使えるような環境を作らなければ、なかなか浸透は難しいのかなと。

——先生方は自分のＰＣを持って来られるんですか？

西田●柏の場合は、個人持ちのＰＣは持ち込み禁止です。基本的に先生が使うのは、市から渡されたものですね。

——学校ではそこまでしないと駄目なんですか？

西田●だと思いますね。情報の持ち出し、改ざんを考えた時には、そこまでの制限が必要ですね。各先生がセキュリティに対してのスキルがあればいいんでしょうけど、保存したかどうかわからないとか、訳の分からないことをしてしまう人もいる。そうであれば、そこまでやったほうが良いのかなと。

——ＰＣの更新頻度は？

西田●5年に1度ですね。柏はリースの期限が全部5年ですから。長い気もしますけど、5年は良いほうです。理想的には3年でしょうけど、それだとコスト的には厳しいですね。

——ネットブックのような廉価なものに切り変えて、もっと短いスパンで交換するという具合にはならないんでしょうか？

西田●先生方が何に使うかが問題です。Word、Excelの処理だけであれば良いんですけれど、動画の処理をする先生もいるかもしれない。どの先生にも使えるようにというと、やはりある程度の機能は必要になるという現実があります。導入するには、同じ規格のものを入れてしまうのが基本ですから、余分なコストは確かにかかっていると思います。その人が欲しい機能だけに限定すれば、本当はもっとコストが下がるはずなんですが。

5年先を行く
須磨学園の「制ケータイ」

●「制ケータイ」の衝撃

２０１０年11月26日、ＭＩＡＵのニコニコ生放送公式番組にて、「ここまで来た、学校とネットの新しい関係」と題した放送を行なった。内容的にあまりネットユーザー受けしないように思われたので視聴者数が心配されたが、実に2万人以上が視聴する結果となった。YouTube▼41にアーカイブを掲載しているので、YouTubeから番組名で検索してぜひご覧いただきたい。

番組では、東京都教育庁のＩＣＴプロジェクトによる都立高校の実際、Twitterで情報公開する越谷市大袋中学校、そして兵庫県神戸市にある私立須磨学園中学・高校の「制ケータイ」を導入事例を紹介した。

特に制ケータイ導入のニュースは、子供とケータイ、ひいては情報教育に関わる人たちの間ではかなり大きな衝撃をもって迎えられたのだが、その細かい実態などはよく分からなかった。制ケータイというからには、おそらく普通のケー

41▼YouTube……米国で２００５年に開業した動画投稿・共有サービス。現在では全世界で1日に20億回以上の動画視聴、毎分35時間以上の新しい動画がアップロードされており、世界でもっとも巨大な動画プラットフォームである。

タイ契約とは違う形だろうとは想像していたのだが、実際にはいわゆる企業で契約するビジネスフォンを、教育にふさわしい形にかなりカスタマイズしていることが分かった。

簡単に言えば通常のケータイは、端末とキャリアが直結しているが、制ケータイの場合はキャリアとケータイの間に、学校のサーバが入る。このサーバが、メールやウェブのフィルタリング機能を提供し、利用制限なども行なっている。つまり、子供とネットの間に、「プロバイダ」として学校が割り込んでいるという格好だ。

サーバを入れるメリットはほかにもある。子供たちの通信ログが録れることである。もちろん学校側がむやみにログの内容を閲覧することはないが、保護者からの開示請求や承諾があれば、ログ開示に踏み切る。

例えば掲示板などでの誹謗中傷、いわゆる

●インターネットの通信レイヤー

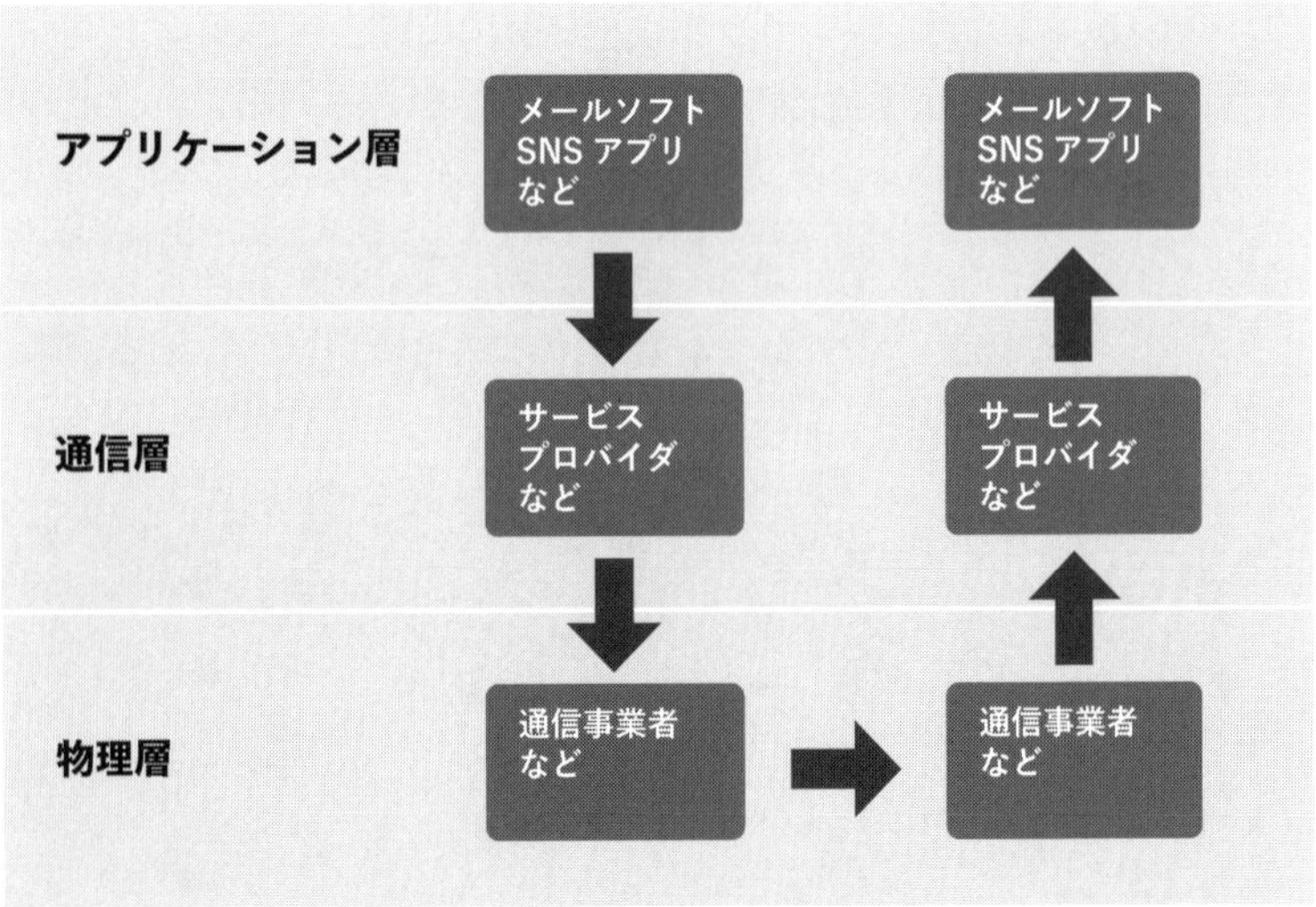

レイヤーとは層のこと。利用者からはアプリケーション同士が通信を行なっているように見えるが、実際は各レイヤーを経由しており、レイヤーごとにログが残っている。

「学校裏サイト化」する原因は、ネットを匿名であると勘違いすることにある。ネットによるアクセスは必ず各通信レイヤーごとにログを取っているので、実際には匿名だということはあり得ない。ただ、いったんログの開示請求を行なうとなると、複数の事業体が関与してくるため、手続きが面倒なだけである。

しかし学校が一元的にログを握って、いざとなれば「キミタチがやったことなどまるわかり」ということが担保されていれば、それ自体が抑止効果として働くことになる。実際にログを見ることなしに、生徒がネットの仕組みを知ることで、自重していくわけである。

当然生徒へのアンケートでは、ログを見られるかもしれないということに関して約半数が抵抗感を示している。しかし、普通のケータイやパソコンによるネットアクセスでも、誰かにログを握られているという事実には変わりがないわけで、子供たちはその事実をいち早く実地で学んでいるということである。

●ケータイ利用を見守るシステム

実際に制ケータイを所持しているのは、2010年度に入学した中学1年生と、高校1年生、そして先生全員である。他の学年は、希望者のみという方針だ。つまり、入学前から制ケータイというシステムを導入することを納得ずくで入学してきた子供全員が対象、というわけである。

制ケータイ間の通話は、内線扱いなので無料だ。メール、ネット利用は、定額基本料月額3500円を保護者が負担し、4万パケットまで無料、それを超過すると、学校側から生徒を通じて各家庭に実費が請求される。子供たちはこの4万パケットをうまく使って、コミュニケーションや調べ学習などを行なう。使いすぎたらまず生徒にその連絡が行くことで、どの利用が原因だったのか反省する材料にもなっている。

こうなると、かなりがっちり管理しているように思われるが、実際にはかなりオープンになっている部分も大きい。例えば生徒間のメールアドレスは、名字を入れれば選択肢が表示されて、何年何組の誰々というフルネームが分かるようになっている。つまり学内の誰でもが、お互いのメールアドレスを知ることができるようになっている。

ウェブアクセスについても、夜10時から翌朝6時までは、学校側のサーバがアクセスを遮断する。PC用のフィルタリングソフトにも同様のアクセス制限機能がついており、ペアレンタルコントロールとして利用時間を制限するというのは当たり前の行為だ。ただ、これまでケータイでは一部キャリアでしか実現できなかったのだ。

ケータイでもここまで手を入れられるとなれば、話は大きく変わってくる。これまでケータイは、親が管理できないからダメだ、という論調だったが、それは意味がなくなる。ケータイはもっとも身近で、これから先もなくなることはないパーソナルなネットのアクセスツールだ。やがてはスマートフォンや電子教科書のようなものに形を変えるにしても、それが使える年頃の子供たちに段階的な指導ができる仕掛けとして、制ケータイのようなシステムはもっと研究されるべきであるし、拡がっていい取り組みであろう。

インタビュー

制携帯で生徒の環境はどう変わるのか

須磨学園理事長　西泰子氏

2009年1月、文科省が公立の小・中・高校に対し、携帯電話の原則持ち込み禁止の通知を出した。それ以来、学校から携帯電話を切り離すことで「事なかれ」の方針を取る学校が多くなった。しかし全く逆に、携帯電話を学校公認にしてしまうという大胆な方針を打ち出す学校が現われた。

兵庫県神戸市にある、須磨学園高等学校・中学校である。「制携帯」と名付けられたこのシステムは、発表された2010年2月当初はメディアなどで盛んに取り上げられたが、その実態や成果に関しては詳細がわからないままになっていた。

このインタビューでは、実際に須磨学園まで出向き、制携帯の仕組みや効果などを取材した。制携帯導入に踏み切った、理事長の西泰子先生にお話を伺った。（インタビュー収録・2010

年11月11日）

●制携帯の導入と活用

――学校教育の中で携帯電話を取り入れるというのはすごく新しいと思うんですけれど、取り入れるきっかけは？

西◉きっかけは、文部科学省が原則的に小中高生に携帯電話の持込禁止の通知を出したことを受け、各都道府県の各教育委員会から各学校に連絡があったことです。私どもの学校でアンケートを取ったところ、すでに92％の生徒が携帯電話を持っていた。そういう中で、携帯電話を禁止しても、子供たちはどうせ隠れて使います。そんなことだったら、学校指定の携帯電話を制定し、危険性とかルールをきちんと教えていくべきだと考えました。

――制携帯は、全学年で一斉に導入されたんですか。

西◉今年の新入生、中学1年と高校1年です。在校生については、入学の時点で制携帯の話はありませんでしたので、希望者が持つということになりました。

――キャリアをauに決めたのは何か理由があるんですか。

西◉携帯キャリアに対して「我々は、こういうことをやりたい」という企画書を出して、コンペをしました。その中でもっとも安く、対応が良かったのがauでした。

――制携帯導入に不安を持つお子さんや保護者の方もいらっしゃったと思うんですけど、それ

制携帯を導入した須磨学園

神戸市
面積●552.83平方キロメートル
世帯数●679,005世帯
人口●1,542,458人

須磨区
面積●30.00平方キロメートル
世帯数●71,415世帯
人口●166,967人
（平成23年4月現在）

須磨学園
創立●1911年
生徒数●1393名
教員数●111名
（2011年4月現在）

でも導入に踏み切った理由は何ですか？

西◉携帯電話の所持を禁止することが、携帯電話に関わる問題の解決にならないと考えたからです。インターネットもそうです。禁止することでデジタルデバイド▼42の問題が出てきます。今、多くの大学では、履修登録はネット上で行ないます。ですから、入学したらすぐにネットの使い方がわからないと困ります。レポートも出せないというのではまずいです。当校の教育方針は「実学」ですので、実社会に出た時、ビジネスの場でも、携帯電話の正しい使い方をきちっと学んでおかなければならないと考えたからです。

——事前に制携帯導入にあたっての不安の声はなかったですか？

西◉在校生からはメール、ウェブの履歴を監視されるのではないかという不安の声が大きかったです。プライバシーが侵害されるのではといったものです。しかし通常職員が個人のメールや履歴を見ることはありません。何か問題があって保護者から申し出があった場合に限って、情報を開示するというルールです。

——制携帯は学校生活の中でどのように使われていますか？

西◉まずは一斉連絡に使っています。例えばインフルエンザが流行した時に、兵庫県で新型インフルエンザの第一号が出ましたので、臨時休校のお知らせで使いました。これまではこういう連絡も、ものすごく時間がかかりました。メールを一斉送信しても、パソコンでは自分からアクセスして、メールを取りにいかなきゃならない。それが携帯電話ならプッシュメールで配信できるようになりました。生徒が登校した後に急遽連絡するには、パソコンのメールではダメなんです。

あとは、欠席連絡もメールで行ないます。制携帯同士の通話は内線機能で無料ですので、教師に質問をして返事をもらうのも無料通話で可能です。クラブの連絡もできますし。

学習面では、調べ学習で使います。また、高校2年生がこの間、研修旅行で東京へ行ったんですが、その時班別行動をしました。東京の企業とかいろんなところを回りましたが、その際にメールで、写真にGPS情報を付けてここでこういうことをしてますという報告をさせました。

——思いもよらなかった利用方法ってありますか？

西◉明日の宿題や、持ってくるものを黒板に書くと、これまでは連絡帳にメモを書くところが、みんな携帯の写真を撮って、赤外線で送りあったりしていました。こういう使い方もあったのかと、こちらがびっくりしました。

●制携帯のメリット、デメリット

——同じものを統一して持つという学校にとってのメリットは何ですか。

西◉自動車教習所の例えをよく使うんですけれど、教習所っ

42▼**デジタルデバイド**……パソコンやインターネットなどのITが使える者と使えない者の間に起こる、待遇や機会、収入などの格差。現代社会ではITによってもたらされる情報が多く、加えて既存マスメディアや政府、公的機関が世論操作のために一方的な情報を出すこともあり、総合的な判断をするための知識レベルでも、格差が生まれ始めている。

て一律同じことを教えます。まず、教習所へ行って最初に習うのは、仕組み、交通マナーが第一段階です。それから仮免講習、試験などといろいろプロセスがあります。一律同じものを持てば知識に汎用性があり、みんながこれはこうして使うんだと分かりやすい。

また一括して同じ機種を購入すれば安くなります。各ご家庭への負担が少なくなるというのは、現実問題として重要な部分です。おそらく普通に携帯を契約するよりも、だいたい三分の一程度の料金負担で済んでいるはずです。

――フィルタリングはどのように？

西●今はホワイトリスト方式▼43です。最初はブラックリストにしようと思っていたんですけれど、auさんのフィルタリングはホワイトリストしかありませんでした。ただ高校では、希望者は保護者の同意があれば解除できます。

――それは生徒さんの自主性にまかせるということですか。

西●そうです。例えば教習所の車には、先生のところにブレーキ、クラクションがついてます。本来だったらKDDIのサーバーを経由するだけなので、我々にはブレーキもクラクションもありません。ですがこのシステムでは、KDDIのサーバーから我々のサーバーを経由することによってログが残ります。メールのログ、履歴も残るということで、高速道路のオービスみたいな格好で抑止力があると思います。いざとなったら「見るよ」ということです。

――デメリットはあるでしょうか。

西●それは制携帯に限らず、制服もそうですし、制かばんもそうですし、Uniと名前が付くものに共通して言えることだと思うんですけれど、「没個性」です。

——端末は機種もカラーも同じ？

西●中学生と高校生では、機種・カラーが違います。中学生は黒、高校生は白です。

——デコレーションをしている子もいるんですか？

西●います。キラキラのネイルアートのようなものとか、全面デコレーションだとか。先生たちの中でもやっている人もいます。シールを貼ったりだとか。

——そういうのは禁止じゃないんですね？

西●禁止はしてません。制服ではオプションで人と違った着こなしを楽しんでるみたいですけれど、制携帯に関しても同じようなことが言えるかもしれません。

●制携帯でのコミュニケーション

——子供たち同士のコミュニケーションはどのように？

西●学校のグループウェア▼44の中に、各学年の部屋があります。mixiのコミュニティみたいなもので、意見を書いたり、メールを一斉送信したりしてます。また英語の教員が自分で和文英訳の部屋を開いて、添削したりしています。

43▼ホワイトリスト方式……青少年に見せても安全なページだけをリストに登録しておき、それ以外のページにはアクセスできないようにする方式。逆にアクセスさせたくないページだけをリスト化する方式を、ブラックリスト方式という。

44▼グループウェア……組織内の情報共有のために特定のサーバ内に設置されるソフトウェア。外部の人間からはアクセスできず、登録ユーザーだけが利用できるのが普通である。掲示板やファイル共有、スケジュール管理といった機能がある。

――生徒同士は簡単にメールアドレスがわかるんですか。

西◉苗字を入れるとリストで出てくるので、特に交換しなくてもすぐに分かります。

――保護者の方からネットが使えなくて……という意見はあるんですか？

西◉今本校の保護者のネット接続率は、１００％です。ただ使い方については、保護者に研修会をしてます。そうでなければ、学校からの連絡が見られないんです。

――家庭でのネットの普及が、制携帯の導入を後押ししたところもあるんですね。

西◉そうです。中高一貫生は、今1人1台ノートパソコン持っていたりしますけど、もっと持ち運びの出来る高度な情報端末に向かっていくんじゃないのかという方向が見えてきています。当初、iPhone、スマートフォンでやろうと思っていたのですが、本体価格とウェブのフィルタリング管理が出来ないので、なしになりました。

――私のイメージでは、学校と保護者のコミュニケーションは、お母様方が空いた時間に集まって顔をつきあわせてというイメージなんですが、今はネット上なんですね。

西◉そうです。日時を決めても仕事を持っておられる方は、参加できないですから。グループウェアの中で、各クラスの保護者のコミュニティがあって、議論が行なわれたり、掲示板に書き込みが出来ます。また教員の書き込みに関しては、画像ファイル、チャット機能もあるんですね。先生から「ヨーロッパに来ています、パリのルーブルに行ってきました」といったような写真データがアップされることもあります。

——先生と保護者とのやりとりも身近になりますね。

西●距離は縮まります。その代わり保護者から24時間連絡が来ますから、教員にはそれが厳しいかもしれません。

——これからのビジョンみたいなものはありますか？

西●今後一番大事だと考えているのは、Wi-Fi機能が付いた端末の導入です。いろんなコンテンツに、ワイヤレスでアクセスできる。語学教材、センター入試のリスニングテストというのは、学校にとって大変大きな課題となっています。リスニング教育のコンテンツを配信できるとなれば、大きなメリットがあります。

今、ダイレクトにコミュニケーションをとりづらい子が増えてきています。将来的にひきこもってしまう可能性もあります。どうしたら子供たちが社会と接点を持っていくかということに関しては、今、インターネットが1つの拠り所になっている。彼らと我々学校をつなぐシステムは既にあるので、それを制携帯にどのように組み込んでいくかが今後の課題です。

インタビュー

須磨学園　保護者

家庭の中の制携帯

「制携帯」を導入したことで、子供たちの学校生活はどのようになったのだろうか。また学校と保護者の関係はどのように変わったのだろうか。今回は3人の保護者の方にお話を伺うことができた。

Aさんは中3のお子さんを持つPTA会長。今年から希望して制携帯を持たせたという。Bさん、Cさんは中1のお子さんの保護者で、制携帯導入を理解した上で、入学を希望した。（インタビュー収録・2010年11月11日）

●制携帯で成長する子供たち

――制携帯について保護者の方からの率直な第一印象は？

C◉私はすごく良い試みだと思っていて、娘の学校入学の際に制携帯を導入するというのに魅力を感じていました。

B◉うちは子供がもともと携帯を持っていたので、2台目の携帯になってしまうんですけれども、初めて説明を聞いた時には、正直びっくりしたんです。ですけども、友人たちにその話をした時、中学生になると携帯電話でいじめのようなことがあったりするので、制携帯っていう試みは良いんじゃない？と教えてもらいまして。いじめとかはごく一部の話だと思っていましたら、割とよくある話だと聞きまして、それだったら制携帯のほうが守られるなと感じました。

――保護者からの反対意見というのは？

A●導入前に聞いたのは、そこまで学校に拘束されなきゃいけないのかという意見です。あえて持たせる必要はないのではという意見も出ました。でも入学した方はもう承知してらっしゃいますし、保護者も理解されていると思います。

――プライベートな携帯電話を持っている割合は、どの程度でしょう？

A●在校生の場合は、多いと思います。ほとんどが持っている感じですか。うちの娘は持っていなかったので、待ち合わせのときに他の子は携帯電話があるから気軽に約束を守らなくて、待ち時間が長いというような嫌な思いをすることもありました。

――みなさんが中高生の時代に携帯はなかったと思うんですけれど、今の中高生を見てどう考えられます？

B●うちの子は今までゲームもしない子で、携帯電話も必要最小限しか使っていないように見受けられます。お迎えに遅れる場合なんかに私から子供にかけるだとか、制携帯ではないファミリーな使い方ですが、そういう意味で私は携帯電話がすごく便利だと思っているんです。今の子は、自分が子供の時よりも塾に行ったりとか行動範囲が広いので、離れていても元気な声が聞けるのは安心ですね。

C◉うちでは携帯電話を使う前に決め事をしたんです。例えば、家に帰ったら1階に携帯電話を置いておくとか。お友達とすぐにやり取りできなくても、家の決まりだから許してもらいなさいとか、厳しく決めて使わせています。

——それは家庭のルールとしては、厳しい方ですか？

C◉うーん、そうですね。うちでは、ご飯の最中も携帯電話を触るのを禁止してます。ずっと手元にないというのは、厳しい方かもしれないです。

A◉うちもルールを決めていて、帰ってきた時に携帯電話をリビングに置いておく。部屋には持ち込まないようにしてあって、追加料金もお小遣いで払いなさいと言っている。気をつけなきゃというのを自分で学んでいる感じです。

制携帯は、いろいろアクセス制限があるんです。そういう点では自分の携帯電話を持っているお友達とは違う所もあります。それが困るということではなくて、自分にとって必要であるサイトで制限がかかっているものに関しては、親にこういうものを見たいからと言ってきたりとかはします。そこは親子関係でもあると思うんですけれど、お互い信頼しながら使っているという事です。

——制携帯についての子供たちの反応はいかがですか？

B◉担任の先生が言い忘れたこととか、長い休みの間で「宿題頑張って」みたいな、ちょっとした応援メールも入ってくるんです。すごく子供は、うれしいみたいで。

私の方からも、担任の先生に何か聞きたいことがあれば、メールですと落ち着いた気持ちで送れます。先生方も大変だろうなと思うんですけれども、11時ぐらいに子供がわからないときにメールを送ったら、先生も10分以内に返事下さって、子供は安心したという事があったんです。

——中学生ですと、つい使いすぎたりとかもありますよね。そういった教育はどうされているんですか？

C●制携帯だと、使い過ぎたら学校から、まず子供にこれぐらい超過しましたよというお知らせメールがくるんです。それを見て子供がドキっとして、親にすみませんでしたって言うんですけれども、使い方がまずかったからこんな料金が発生してしまうんだと、子供が申し訳なく思っていろいろ考えるようです。

——制携帯に対しての希望は何かありますか？

A●中学生と高校生では、使い方が違ってくると思うんですね。中学生だとそれなりに守ってやる部分と、高校生になればもう少し許せる範囲がある。その範疇でセキュリティを考えていく、許せる範囲でというところで安心できるような使い方をしていってほしいです。さらに言えば、学食や購買でおさいふケータイの機能が使えたら良いなという意見はありました。

先生が変わる、授業が変わる、iPadがもたらす変化

いる。

●デジタル教材への取り組み

２０１５年のデジタル教科書導入をめざして、いろいろな教育関連機関や企業が動き出している。ＰＣルームの整備、電子黒板の導入など、学校にもどんどん新しい機材が入ってきている。

しかしながら、いまだ先生たち自身が納得できるデジタル教材がないのが現状だ。ＰＣも電子黒板も、結局は教材を自分で作れる先生たちしか使い切れない。多くの先生たちはデジタル教材を自分の授業にどう生かしていくか、プランはいろいろあっても、それを作る時間もなく、助けてくれる人も居ないというのが現状である。

Twitterを導入した埼玉県越谷市立大袋中学校の大西久雄校長が主宰となっている勉強会、「でじたま」（デジタル教材 in Saitama）。月に1回文教大学キャンパス内で、デジタル教材の可能性に気づいている先生方が集まり、情報交換やセミナーなどの例会を行なっている。２０１０年8月26日に行なわれた例会に取材に行ってきた。

でじたまのメンバーは約 100 人。先生以外にも保護者、学生、教育出版社などが参加する

でじたまの主宰者、大西久雄先生

毎回さまざまなテーマが話し合われるそうだが、今回のテーマは、「iPad」。iPadを授業に取り入れた場合の効果について、大袋中学校のテストケース紹介、NHKクリエイティブ・ライブラリーの素材活用紹介、文教大学教育学部 今田晃一准教授の講演などをからめながら、集まった教員・教育関係者約30人が実際にiPad 10台を手に取りながら、模擬授業を体験した。

「iPadだから」とか「iPadがあれば」という考え方ではどうにもならないと、大西先生は言う。それに対して先生がどういう教材を作り、どう授業を展開するかがポイントである。

大袋中学校では、文教大学が教育研究用に購入したiPad 10台を借り受け、理科の実験授業を行なった。理科の先生が自分で撮影した動物と植物の細胞の顕微鏡写真をiPadに転送し、生徒たちにそれらの写真を自由に拡大・縮小といった操作をさせて、違うところ、同じところを発見させるという内容だ。

正直言って、そんなに大したことをやっているわけではない。しかし、グループに1台のiPadの存在、そして誰でも指で触ることができるという体感が、重要なのである。先生たちの悩みは、従来の紙ベースの教材では、もはや生徒が授業に対して興味・関心を持ってくれないというところにある。それはそうだ。普段からポータブルゲーム機に親しみ、ケータイでメールする子供たちにとって、紙の教科書を広げ、黒板の文字をノートに写す授業が、面白いはずがない。ちょっとした変化で興味が湧けば、そこからがスタートだ。

●iPadの特性と学習の関係

文教大学教育学部 今田晃一准教授によれば、授業評価の観点から見てＩＴ活用の目的とは、次の４つに分類できる。

1. 知識・理解の定着
2. 技能習得・学び方の補完
3. イメージの拡充
4. 相互啓発

従来のＰＣベースでのＩＴ活用では、１〜３はクリアできるが、４の相互啓発はなかなかできなかった。なぜならば、ＰＣは１人で使うために設計されており、グループに１台あっても、操作するのは正面に座っている１人になってしまうからである。しかしiPadは机の上に平置きして全員がのぞき込めること、誰でも指を伸ばせば触れること、上下左右に簡単に回転できることなどから、誰が主体になるわけでもない、相互啓発しながらのグループ学習における効果が高いという。

一方iPodやiPod touchを使った授業は、個人で何度も繰り返

文教大学教育学部 今田晃一准教授

iPad を中心にディスカッションが進む

す語学学習などに向いているという結果が出ている。同じようなＯＳを搭載していても、サイズが変わるだけでできることが変わる。この場のiPadを実際に手にとっての模擬授業でも、先生方自らが3人1組の生徒役となり、iPadを囲みながら同じ問題を解くことで、ごく自然にディスカッションが発生し、新しいアイデアを試したり、理解を助け合うというプロセスを体験した。

別の事例として、あるワークショップでは、フィールドワークでの学習用としてiPadを持ち出したものの、1つの現場で全員が一斉に参考資料としてYouTubeの動画を参照しようとしたところ、再生できないという問題があったという。クラス全員が集中して大量のトラフィックを発生させても大丈夫なWi-Fi回線を持つ施設は、まだ世の中にはほとんどない。そこはインフラに課題があるわけだが、ないものをねだるよりも、それをカバーする先生方の準備や事前調査が重要になる。

先生たちがデジタル教材に期待するのは、分からない↓つまらない↓できないの無限ループに子供を落とし入れない牽引力である。単純にiPadが良いということではなく、学習スタイルとデジタル教材の関係をよく見極めて、適切な場所、タイミングで投入する必要がある。すべては先生の「仕掛け次第」なのだ。このような研究は、ようやくまだ始まったばかりである。

●想像以上に遠い「1人1人に電子教科書」の実現

2011年2月25日、MIAUと日本マイクロソフトとの協働プロジェクトとして、電子教科書に関する番組「電子教科書がもたらす未来」をニコニコ生放送で放送した。2010年7月から取材を始めて、番組の形にまとめるまで約半年かかった、大掛かりなプロジェクトである。

すでに数年前から〝生徒1人に1台PC〟プロジェクトなどは実証実験が始まっており、要するにハードルは金銭的な問題なのかと思っていたのだが、取材を進めるうちにまったくそれ以前の問題であることが分かってきた。

まず前提条件として、就職してくる新人たちの人間的な基本力が低下している問題がある。敬語が使えないというのはまあ昔からあったにしても、会社・業界それぞれに存在するルールに従わない、あるいはそれに馴染んでいないことを問題だと認識していない、メールの文章が何か変、会社の非公開情報をブログに書く、報告書も何かのコピペという事態に至って、「あれーなんか日本まずいぞー?」と誰もが思い始めた。「近頃の若い者は」というセリフはいつの時代にも言われており、最も古い記録ではギリシア時代にまでさかのぼるそうだが、どうもそのレベルではなく、このままだと国や社会の形が滅びかねない、完全なる赤信号である。

これは何が悪いのか。新卒を迎える会社は大学何やってんだという ことになり、大学は高校何やってんだ、高校は中学何やってんだ……と連鎖的に下に降りていき、結果的に実は子供の教育に失敗しているのではないか、という話になる。それならば、教育を変えなければならない。

世界はどうなってるんだ、と経済協力開発機構(OECD)▼45による国際的な生徒の学習到達度調査を調べてみると、実は上海、シンガポール、香港、韓国といった、かつての日本型教育を手本にした国や地域に抜かれていることが分かった。

日本はかつての詰め込み型教育の反省から、80年代末にゆとり教

● **OECD 生徒の学習到達度調査**

順位	読解力		数学的リテラシー		科学的リテラシー	
	国名	得点	国名	得点	国名	得点
1	上海	556	上海	600	上海	575
2	韓国	539	シンガポール	562	フィンランド	554
3	フィンランド	536	香港	555	香港	549
4	香港	533	韓国	546	シンガポール	542
5	シンガポール	526	台湾	543	日本	539
6	カナダ	524	フィンランド	541	韓国	538
7	ニュージーランド	521	リヒテンシュタイン	536	ニュージーランド	532
8	日本	520	スイス	534	カナダ	529
9	オーストラリア	515	日本	529	エストニア	528
10	オランダ	508	カナダ	527	オーストラリア	527

出典:「OECD 生徒の学習到達度調査～ 2009 年調査国際結果の要約～」

育に転換した。基礎詰め込み型ではなく、応用力重視の教育へと転換したつもりだったが、基礎が身についていなければ応用も利かないのは当たり前のことだ。ゆとり教育の失敗を認めるまで、日本は20年かかった。その間に、近隣アジア諸国に抜かれたわけである。

●本当に変わるべきは教育というシステム

番組では、一部の学校で試験的に投入されようとしている電子教科書、学童用PC、電子黒板、教材などをVTR取材やスタジオに実機を持ち込んで紹介した。そのたびに視聴者からのコメントでは「形じゃない、中身が重要だ」という指摘も多くあったが、そんなことは当たり前だ。

実は、電子教科書導入推進活動というのは、他国に負けているIT利活用というトロイの木馬に隠して教育界に突っ込む、教育革命なのである。そこは暗黙の了解で、だからこそこれらのデバイスに何が仕込めるかを想像してほしかったのだが、ほとんどの人はそこが分かっていなかった。

日本では、文部科学省が行なう教科書検定を通った教科書しか学校で採用されない。通常教科書の検定には3年程度かかる。しかもその内容が4〜5年使われることになるわけだから、最長では8年前に作られた内容で子供に教育されることになる。

特に情報系に属する話は、毎年少しずつ改訂されていてもおかしくな

45▼**経済協力開発機構**……ヨーロッパ、北米等の先進国によって、国際経済全般について協議することを目的とした国際機関。日本は1964年に加盟し、現在34カ国が加盟。

い。電子教科書なら、そのようなアップデートも可能になるのでは、という期待もある。しかしそれが教科書である以上は検定を通さなければ、アップデートもままならない。電子化されようが紙であろうが、検定制度がある限り年単位のタイムラグが発生することは変わらない。

文部科学省が電子教科書全面導入としてターゲットとしているのは、2020年である。今年小学校に入学する子供が、高校生になる時にようやく電子教科書が配備される。電子教科書にかこつけて教育改革を滑り込ませるとしたら、それでは遅すぎる。

●教科書の電子化に横たわる課題

電子教科書は、すでに世界のトレンドとなりつつある。ウルグアイでは完全移行済み、米国も州によっては移行済み、フランスが2011年完全移行、シンガポールが2012年、韓国が2015年に完全移行する中で、日本は早くても2015年、遅ければ文科省の計画通り2020年から完全移行となる。

確かに日本は導入に関しての立ち上がりが遅れてはいるが、しかしそこはスケジュール感だけで考えていいものでもない。まず教科書を電子化することのメリットが、他の国にはあるという事情を理解する必要がある。

一般に欧米の教科書はハードカバーでものすごく頑丈にできているので、1冊1冊がものすごく重い。また教科書代も国費負担ではなく私費負担の国も少なくない。

映画『ハリーポッター』で、ハリーが中古の魔法の教科書を購入するシーンがあったのをご記憶だろうか。欧米では中古の教科書で学ばねばならない子供たちも、現実に数多く存在する。国によっては費用と扱いやすさを理由に、電子教科書が推進されているという側面もある。

一方で日本の紙の教科書は、ほとんどの教科で1年ごと、もしくは1年で上下巻に分冊されており、紙質も良く、丈夫で軽い。検定制度があるため容易に内容が更新できないというデメリットはあるものの、これで成果を上げてきた。

日本では検定制度により均一な教育が実施され、日本国民が誰でも読み書き計算、あるいは社会通念に関して能力差がない、水準の高い教育が行なわれてきたという背景がある。さらにはこれによって格差が減り、犯罪発生率も低いという、勉強、学力という視点からだけでは目に見えてこないメリットもある。

●学校に襲いかかるデジタルデバイド

電子教科書の議論では、必ず「その中身についての議論が必要」という声が上がる。さらに「紙の教科書ではなぜいけないのか」「電子化すれば学力が上がるのか」といった声がそれに続く。

しかし今、電子教科書を強力に推進しているのは、当の教科書会社であるということはあまり知られていない。教科書会社自身が、紙ではもはや限界があることを認めているのだ。

例えばどうしても子供たちに見せたい資料写真が4枚あったとする。だが紙の教科書では紙面に限りがあるせいで、せいぜい1枚か2枚しか掲載できない。だが電子教科書なら、1枚の写真のスペースに4枚の写真を織り込むことができる。写真をクリックしたり、指で触れることで4枚の写真が出るようにすればいいのだ。さらによく見たければ、自分で拡大することもできる。多彩な写真、図版が理解の助けになるという点に関しては、もはや議論の余地はないであろう。

追加の写真なら資料集を別に出せばいいではないか、と言われる方もあるかもしれない。しかしそれは、インターネット社会が発達した最大の要因である、ハイパー

●東京都の公立学校教員の年齢別構成

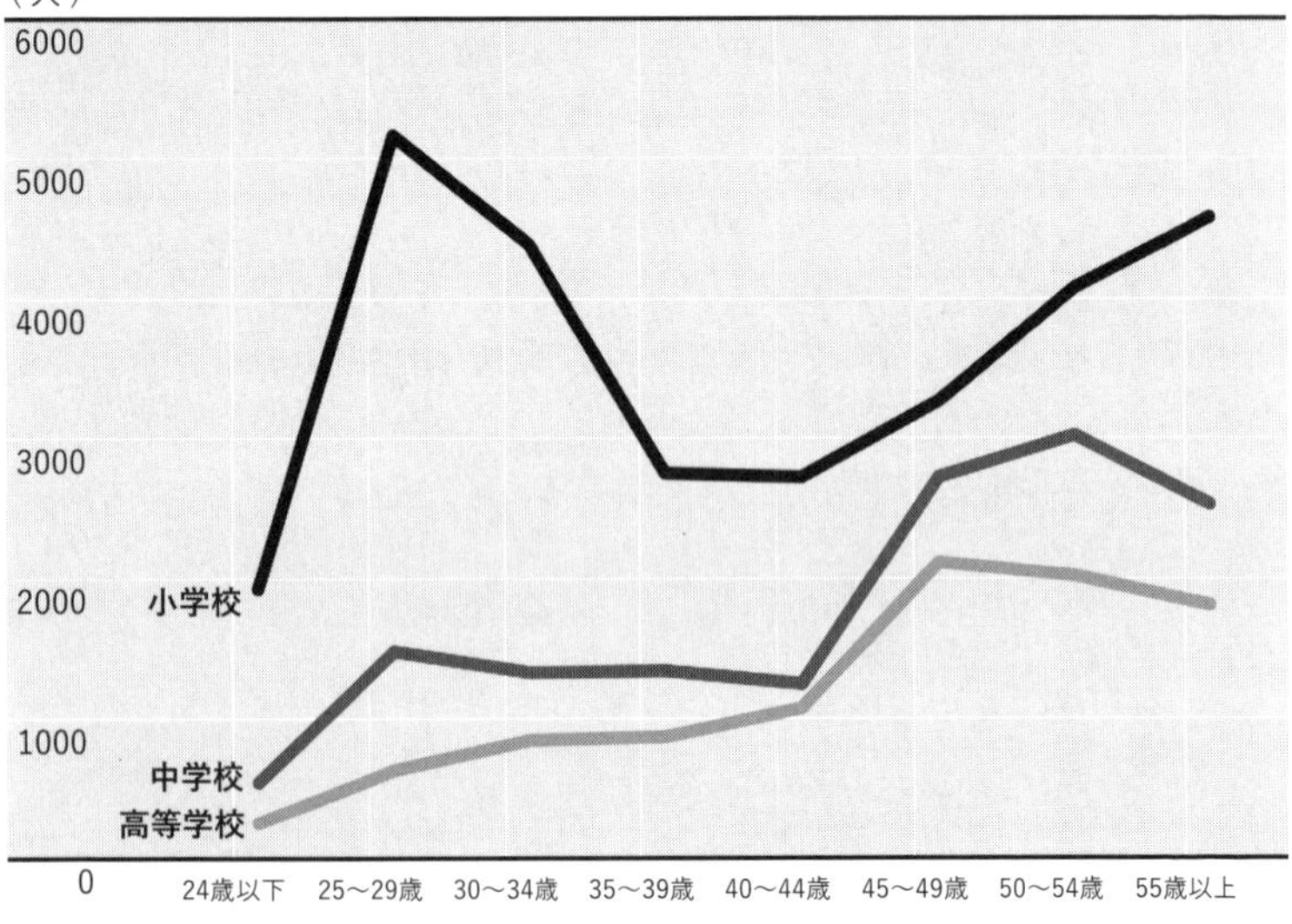

（単位：人）

	総数	24歳以下	25〜29歳	30〜34歳	35〜39歳	40〜44歳	45〜49歳	50〜54歳	55歳以上
小学校	28876	1926	5164	4387	2753	2724	3267	4077	4578
中学校	14221	547	1480	1329	1340	1247	2726	3022	2530
高等学校	9622	256	634	848	871	1074	2114	2018	1807

出典：東京都教育委員会「平成22年度 公立学校統計調査報告書」

リンク▼46の可能性を過小評価している。関連するものに瞬時にアクセスできることは、間違いなく学習者の負担を減らす。

考えられる不安材料は、電子教科書を先生が使えないかもしれないという点だ。東京都教育委員会の「教員の年齢別構成」資料によれば、今現在教員としての主力層はほぼ50代以上。老練な教育者のノウハウを受け継ぐはずの30代のミドルリーダーがほとんど居ないままに、あわてて新卒で教員を補充しているのが現状だ。PCを使えない年配の先生に、PC作法の電子教科書は使いこなせない。

さらに50過ぎと20代の教員の間で、上手く意思疎通ができないという問題がある。感性や社会通念、電子機器に対する基礎知識など、同じ立場で仕事をするにはあまりにも世代が違いすぎるのだ。電子教科書の導入で、さらにその溝が深まる可能性も否定できない。

今からでもガタガタと何かしら動かしていかないと、もう日本の未来が見えてこない。そんな焦りの中で、電子教科書導入の議論がある。しかし現段階のPCベースの電子教科書では、実は主力層である50代以上の教員が使えない。そう考えると2020年一斉導入という線は、現実的な線かもしれない。なぜならばそのころにはこれらのベテラン教員が、定年を迎えるからである。

日本の教育は、あと数年はドラスティックに動かそうにも動かせないデッドロック状態にあるのではないか。

46▼ハイパーリンク……文書内の特定の文字列をクリックすることで別のテキストや写真などにジャンプする機能。

今から始まる、「失われた50年」後に生きる教育

●これからの日本に必要な人材

日本が工業立国として成立できたのは、従順に言うことを聞き、能力に格差のない人間を教育によって沢山輩出できたからである。昔の画一的な教育は、モノづくりには最適であった。しかし今の日本では、モノづくりで国が成り立たなくなっている。

小泉純一郎元首相は、辞めてからいろいろ言われてはいるが、この点では先見の明があった。内閣府の知的財産戦略本部が「コンテンツ立国」を標榜し、知的財産推進計画として盛り込んだのは、2002年2月の小泉総理施政方針演説▼47がきっかけであった。提案として、決して遅すぎてはいない。しかしこの計画は遅々として進まず、今では知的財産推進計画そのものが何の実効性も持たなくなっている。

コンテンツは、資源が何もない日本においては、「とりあえず今すぐに金になりそうなモノ」である。そして海外でも喜んで受け入れる土壌はできたが、現地でそれを売って回る優秀なビジネスマンがいない。契約・交渉もヘタクソなので、販売しても十分な利益が入ってこない。

これから日本に必要となる人材は、これまでの日本人像からは想像も付かないタイプの人間だ。多国語を操り、コミュニケーション能力に長け、チームのリーダーとなって企画・イベント・ムーブメントを立ち上げ、幅広い文化圏で合意を取り付け、世界中の人々と直接商売をする、「開かれた」人間である。

ところが現実は、ケータイやコミュニティサイトの危険性ばかりを過剰に喧伝し、子供がネットに接続することや他者とコミュニケートすることを妨げる教育が、子供にとってよいとされている。何のことはない、これは単に今、親や学校にとっての「よい＝めんどくさくない」になっているだけのことである。教育に関わる大人も教え方が分からないから、手が付けられない。これでは、子供の将来のためにはならない。リスクがあるからといって、メリットごとまるまる取り去るのではなく、リスク回避の方法を教えるべきだ。ハサミやカッターなど、キレの良い道具の教育とは、常にそういうものであったはずである。

●日本が変わるのは、教育が変わってから

２０１０年7月27日、デジタル教科書のあり方を議論、検討する民間団体、デジタル教科書教材協議会（DiTT）▼48の設立シンポジウムに行ってきた。この模様は、Ustreamやニコニコ生放送でも中継されたので、ご覧になった方もいるかもしれない。筆者はプレス席の一番前という特

47▼**施政方針演説**……通常国会の冒頭で、内閣総理大臣が本会議場で行う演説。その年一年間の政府の基本方針や政策についての姿勢を示すために行なわれるもので、衆議院と参議院の本会議場でそれぞれ行なわれる。

48▼**デジタル教科書教材協議会**……全ての小中学生がデジタル教科書を持つという環境を実現するため、２０１０年に民間事業者で設立されたコンソーシアム。課題整理、政策提言、ハード・ソフト開発、実証実験及び普及啓発を進めることを目的としている。

等席で、日本のキーマンのプレゼンテーションや講演を聴くことができた。

雑ぱくな印象で恐縮だが、今現在イケイケだったり安泰だったりする大会社代表の皆さんがそろって、日本は多分あと30年は負け続けると見ているのが、衝撃だった。バブル崩壊から20年。ということは、今22〜23歳の新卒社会人は、物心付いてからこっち、一度も景気がいいという状況を体験したことがない。右肩下がりの社会の中で、さらに競争を避けながら「生まれたままの自分が一番」といった教育を受け、社会の利益よりも小さな自分個人の精神の幸福を追い求める。

そういう若者が主力になってゆく今後の30年は、まさに組織体の崩壊が訪れることになるだろう。30年というのは、いいスパンだ。現在経営者となっている人たちの多くは、30年後にはおそらくこの世には居ないか、現役ではない。だからこそ目先の利益ではなく、遠い先の話として大きなビジョンを見ることができる。

DiTTのサイトを見ると、名だたる日本企業が名を連ねているのが分かる。どの企業も、「今教育を変えないとヤバイ」と思っている。協議会の名前から察すると、本来は電子教科書のあり方を検討する会のように思えるのだが、シンポジウムで語られたのは、ほとんど教育改革論である。つまりこれ以上国、文部科学省、教育委員会に教育を任せていたら本当に日本は死ぬ、民間にやらせろよバカヤロウ、という話なのである。

これを、各企業が新規ビジネスにたかっているように捉えた人も居るようだ。だが筆者は、それが悪いことだとは思わない。というのも、企業に社会貢献事業という格好でやられたら、継続性が保証できないからである。社会貢献などは所詮、金があるところがやることなので、余裕がなければ簡単に予算縮小・撤退もあり得る。それでは小学校から大学までの16年間、保つかどうか分からない。親としては、途中で放り投げられては困るのである。

教科書が電子化されるということは、子供たち1人1人が情報端末を持つということである。それは当然、ネットワークに接続しないスタンドアロンなものではあり得ない。ネットにつながり、他校の同じ学年の見知らぬ子供とコミュニケーションを取りつつ、ネットで過去の知恵を探し、共同作業するといったことも教えなければならない。すでに大人社会は、そういう社会だからである。

これを教えられる教員は、そんなにいない。当然ネットに明るい大人が教壇に立たねばならない。本書をお読みの皆さんも、あと3~5年後には学校の教壇に立つつもりで、いろいろ準備や覚悟をしていただきたい。

第3章●

ケータイ規制条例の現場

ケータイ規制の何が問題なのか

●盲信的な子育て理論の暴走

今日本で一番ハードウェア的な進化が激しいのは、おそらくデジカメとケータイであろう。特にケータイはiPhoneやAndroidのブレイクにより、いわゆる「ガラパゴスケータイ」（ガラケー）と呼ばれる日本独自仕様のケータイと、ワールドワイド対応のスマートフォンが同じ土俵で語られるようになってきた。かつての国産のスマートフォンなど考えられなかった状態から考えれば、ここ1年ぐらいで劇的に事情が変わってきたのを感じる。

そもそも子供とケータイの問題が大きくクローズアップされたのは2008年春頃、「青少年ネット規制法」こと、「青少年が安全に安心してインターネットを利用できる環境の整備等に関する法律」の法案がリークされて以降のことである。当時この法案では、青少年にとって何が有害で何が無害なのかを、内閣府内に設置される委員会が判断することになっていた。すなわち、国による一種の検閲である。

今にして思えば、これがよく止まったなと冷や汗をぬぐわざるを得ない。「規制」とは力関係を産むものであり、そこには大抵うまみのある利権が発生するので、強力に推進しようという力が働く。しかし国による安易な規制は、憲法の条文に込められた民主主義の思想に反する。これをきっかけにして、インターネット、ケータイ、子供の教育に係わる事業者・関係者が初めて、横につながり始めた。

●なぜ、検閲してはダメなのか

日本という国は、特に日本国憲法第21条が重要視される。

日本国憲法 第3章 国民の権利および義務
第21条 集会、結社及び言論、出版その他一切の表現の自由は、これを保障する。
2 検閲は、これをしてはならない。通信の秘密は、これを侵してはならない。

「通信の秘密」は、ネットの検閲としてよく議論になる部分だ。海外でも同様に通信の秘密に関する規定はあるが、その基本はプライバシー権にある。しかし日本の場合、かつて言論、出版、表現の自由が侵害されたために世界大戦へ道を誤ったという苦い経験がある。日本における「通信の秘密」は、憲法に記載され、言論や表現の自由に裏付けされた、世界にも類を見ない強い権利となっている。逆に言えば、これが今のCool Japanと世界から評価される、自由な表現を形作っているとも言える。

子供に見せてはダメなものを決めるのは、誰か。この重要な決定権を持っているのは、親である。筆者が小さい頃、もっとも問題視されていたのはテレビであったわけだが、ドリフターズの「8時だヨ！全員集合」を見せるのは、PTA的には好ましくないとされていた。下品で、暴力的で、食べ物を粗末にするから、というのが理由であった。

しかしドリフターズの笑いとは、いわゆる行儀や常識という枠をいったんコントの世界内で規定した上で、そこからはみ出してしまう加藤茶や志村けんがおかしかったわけである。つまりそれを見たからといって、子供から行儀や常識の枠がなくなってしまうわけではない。もしその枠がなかったら、子供はドリフを見て笑えないわけである。

あの時代から30有余年を過ぎ、当時の子供が親になった。あの時の親と子供の感覚には、相当のズレがあったわけだし、今も昔も親子間のズレは、連綿と続いている。

今、子供に見せてはダメなコンテンツとは何かという具体的な議論を置いて、いかに「有害情報」を見せないか、という方法論に注目が集まっている。しかしそもそも「枠」とは、外側と内側の境界線である。子供には枠の外側を見せないで、枠の全体が認識できるだろうか。

●東京都条例改正案の本当の問題点

2010年に東京都が都議会に提出した「東京都青少年の健全な育成に関する条例」（青少年

健全育成条例）の改正案に関して、ネットユーザーの間では大きな騒動となった。それというのも、この改正案で定義された「非実在青少年」の扱いについて、大がかりな表現規制に発展するのではないかという懸念が広がったからだ。結果的に非実在青少年なる文言は削除され、他にもいくらか拡大解釈の余地は縮小されたものの、２０１０年12月に基本的な改正案は可決されている。これに抗議する形で10のコミック出版社が、東京都主催の「東京国際アニメフェア」への出展をボイコットするなどの騒動となった。ただしイベント自体は、２０１１年3月の東日本大震災の影響で中止となっている。

東京都の条例改正案は、非実在青少年に関してクローズアップされたので、次の改正案ではその部分はかなり丸められた。しかし筆者が問題にしたいのは、それ以外の知事の権限に関する部分である。初回の改正案には、次のような条文がある。

東京都青少年の健全な育成に関する条例 改正案

十八条の八 （インターネット利用に係る保護者等の責務）

3 行政機関は、その業務を通じて、青少年がインターネットを利用して自己若しくは他人の尊厳を傷つけ、違法若しくは有害な行為をし、又は犯罪若しくは被害を誘発したと認めたときは、これを知事に通報することができる。

4 知事は、青少年がインターネットを利用して自己若しくは他人の尊厳を傷つけ、違法若しくは有害な行為をし、又は犯罪若しくは被害を誘発したと認めるときは、その保護者に対し、当該青少年について再発防止に必要な措置をとるとともに、そのインターネットの利用に関し適切に監督するよう指導又は助言をすることができる。

5 知事は、前項の指導又は助言を行うため必要と認めるときは、保護者に対し説明若しくは資料の提出を求め、又は必要な調査をすることができる。

これらはすなわち、行政機関が「尊厳を傷つけ」たというような曖昧な基準で、青少年を知事に告発できるということであり、その青少年に対する監督責任者が保護者であるとし、その指導又は助言のために知事が家庭内に立ち入ってあらゆる調査を行なう権限を有するという意味に取れる。

普通このような調査には、目的が限定されたものに限るなどの付帯条件が付くものだが、それらの制限も全くないし、しかも知事の調査をどこの組織が代行するのかも記載されていない。子供の健全育成をダシに、いくらでも難癖を付けて警察が家庭に立ち入り調査ができることになりかねないような条例が、うっかりすると丸ごと通りそうだったのである。

●子供の健全育成と社会的代償

ケータイに関する規制は、地方自治体の間で徐々に拡がっている。子供に対するケータイ不所持の努力義務と、フィルタリング解除規制を盛り込んだ石川県が先頭を走っている格好だが、フィルタリング解除規制に関しては、埼玉県などが追従した。東京都も一応地方自治体に入るわけだが、日本のメディアの中心地であるが故に、東京都の決定が全国に影響を与えることとなり、もはや単純に地方自治体レベルの話では片付けられない。

ここで我々が反省しなければならないのは、これまで多くの関心が国政に向きすぎており、地方行政の仕組みや立法プロセスに関して、あまりにも無関心であったということである。地方行政の場合、知事は投票によって直接選出されるため、かなり強い権限を持つ。一方県議会は、一番人数の多い党が第一党ではあるものの、国会のように与党となるわけではない。国政で言うところの与党に相当するのは、県知事である。すなわち地方議会とは、知事ｖｓ．議会という構図になる。これを理解していなければ、陳情もままならない。

条例案は、ほとんど知事から提出され、議会での賛同を経て条例化されていく。特に青少年健全育成条例などは、「子供のため」という大義名分のため、簡単に通りやすい。一方国会における議員立法に相当する仕組みも、地域行政にある。ただ、積極的に使われている県と、全く使われたことがない県が存在する。

石川県の場合、携帯不所持努力義務は議員提案によって２００９年に条例化された。過去石川県は議員提案の立法が1つもなく、これでは県議会のメンツにかかわる、よほどおかしなものでなければ是が非でも通すというコンセンサスが取れていたのだ、と語る議会に近い筋の人もある。もちろんこれは、真偽のほどは永久に確かめようがない話である。

「ケータイ持たせない」運動 石川県の実態

●「ケータイを持たせない」という選択

子供のケータイ規制の問題を取り上げると必ず浮上するのが、「そんなに問題だというならばそもそも持たせなければよい」という考え方である。

現在の社会においてケータイは一個人が1台以上を所持し、情報社会と個人をひも付けるためのツールとなっている。それならば、保護者や学校の保護下にある小中学生には必要ないはずである、とする考え方にも一理ある。

子供のケータイ所持規制に関しては、2010年1月から石川県が条例を施行し、小中学生に携帯電話を持たせない努力義務を保護者に課した。いくつかの自治体が、条例改正により追従の構えを見せているが、明確に不所持を宣言したところは、まだ石川県以外にはない。

この条例には、モバイル系のフォーラムや弁護士らから、憲法や人権保護の観点で問題があるのではないかという指摘がされており、他県はそれを押してでも条例化しようというのは難しいと考えているようだ。つまり石川県の条例はいくら努力義務とは言え、条文化はさすがに

「やり過ぎた」ものであると、多くの自治体は判断したということである。

●ケータイ規制条例の原点

このケータイ不所持運動の原点となったのは、石川県にある野々市町という小さな町が町民運動として始めた「プロジェクトK」という活動である。「なんとか町」と聞くと普通の人は、のどかな田園風景を想像しがちであるが、実際の野々市町はそのイメージとはまったく違っている。

立地としては北陸三県の拠点ともいえる巨大都市金沢市に食い込むような形で独立しており、JR北陸本線と私鉄北鉄石川線の2本が乗り入れる、大変便利な場所である。金沢駅からはJR線でたったの2駅、ピッカピカの新興住宅地で、2011年には単独市政に移行する

●全国の小・中・高校生の携帯電話所有率

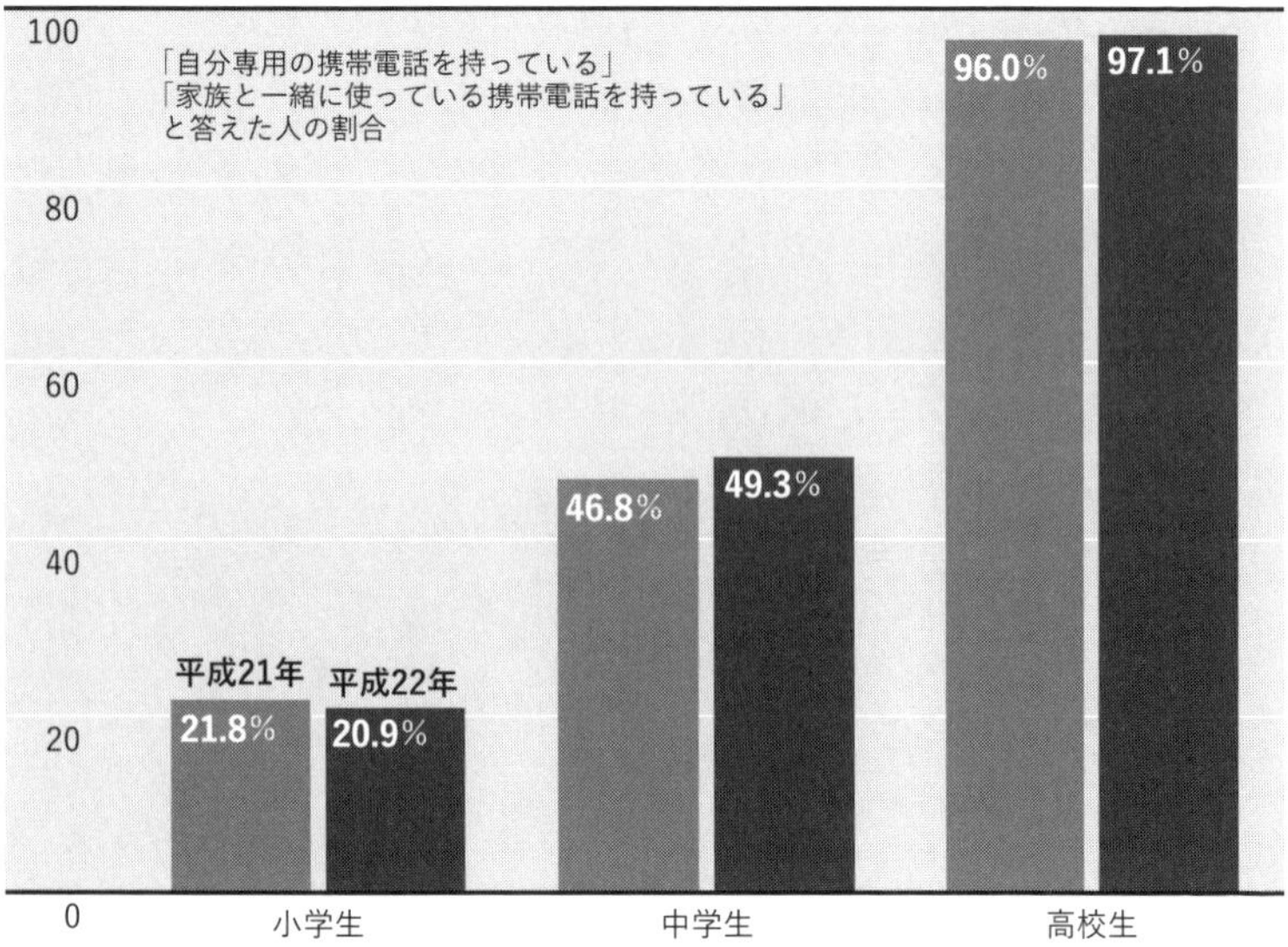

出典：内閣府「青少年のインターネット利用環境実態調査（平成23年2月）」

野々市町の中心部。巨大ショッピングモールが広がる

野々市町
面積●13.56平方キロメートル
世帯数●20,323世帯
人口●47,388人
（平成23年5月末日現在）

●野々市町と全国の年齢別構成比の比較

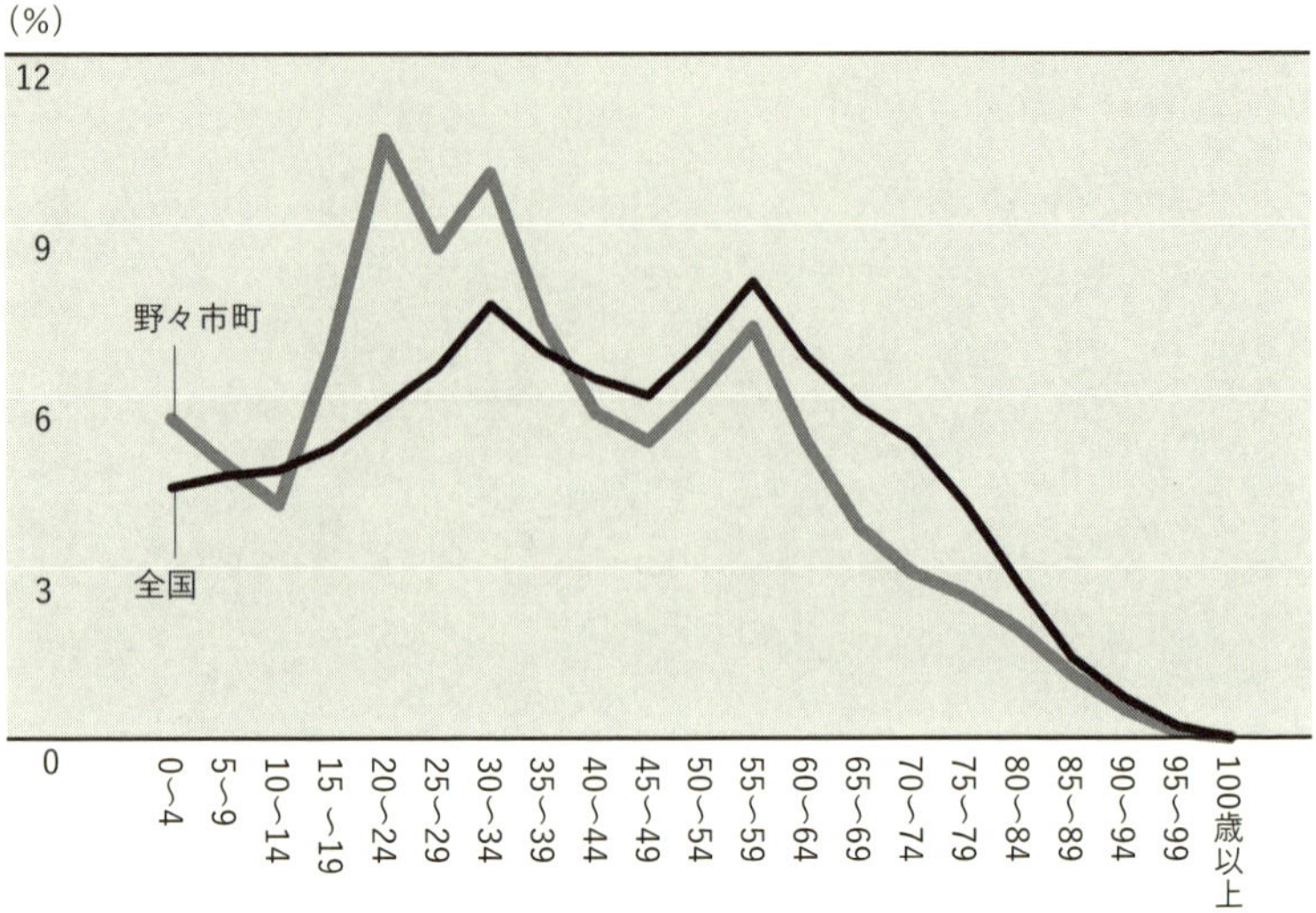

年齢	全国		野々市町	
	人数	比率	人数	比率
0 ～ 4	5,578,087	4.4%	2,705	5.6%
5 ～ 9	5,928,495	4.6%	2,304	4.8%
10 ～ 14	6,014,652	4.7%	1,944	4.1%
15 ～ 19	6,568,380	5.1%	3,257	6.8%
20 ～ 24	7,350,598	5.8%	5,046	10.5%
25 ～ 29	8,280,049	6.5%	4,127	8.6%
30 ～ 34	9,754,857	7.6%	4,760	9.9%
35 ～ 39	8,735,781	6.8%	3,510	7.3%
40 ～ 44	8,080,596	6.3%	2,755	5.7%
45 ～ 49	7,725,861	6.0%	2,518	5.2%
50 ～ 54	8,796,499	6.9%	2,945	6.1%
55 ～ 59	10,255,164	8.0%	3,432	7.2%
60 ～ 64	8,544,629	6.7%	2,509	5.2%
65 ～ 69	7,432,610	5.8%	1,794	3.7%
70 ～ 74	6,637,497	5.2%	1,413	2.9%
75 ～ 79	5,262,801	4.1%	1,211	2.5%
80 ～ 84	3,412,393	2.7%	918	1.9%
85 ～ 89	1,849,260	1.4%	505	1.1%
90 ～ 94	840,870	0.7%	247	0.5%
95 ～ 99	211,221	0.2%	60	0.1%
100 歳以上	25,353	0.0%	5	0.0%
総数	127,767,994		47,977	

出典：平成 17 年国勢調査

予定だという。

●野々市町の「プロジェクトK」とは

野々市町の「プロジェクトK」は、携帯不所持運動としては希な成功例である。しかし現地取材の結果、その成功は、いくつかの好条件が重なった結果であるようだ。

1つめは、取り組みを開始したのが2003年と、非常に早かったことだ。当時は野々市町の中学生で携帯電話の所持率がまだ14％程度で、都市部の同年代の子供に比べると半分程度であった。さらに若い夫婦が多いベッドタウンであるため、子供たちの大半がまだケータイとは無縁の小さい子であることも、1つの要素であろう。

2つめには町全体がコンパクトにまとまっていることから、行政、学校、家庭の距離が近く、調査や意見の集約が都市部に比べて容易であるということだ。プロジェクトKの母体となっている「〝ののいちっ子を育てる〟町民会議」は民間組織であるが、町役場も意識調査、実態調査などを小まめに行なっており、行政が現状をよく把握できる規模なのである。

3つめは、ケータイを持たなくても済むような代替サービスが充実しているということである。保護者が子供にケータイを持たせる理由の1つとして、塾や習い事の行き帰りの安全のため、というものがある。これに対して野々市町の大半の塾では、子供の入退室を管理するIDカードと報知システムを連動させ、子供が塾に着いたら親にメールが届き、出る時にもまたメールが届くようになっている。

これらは特に行政が指導したわけでもなく、民間が競争の結果、これらのサービスを自主的に導入していったのであるという。ITを否定するのではなく、逆に活用しまくった結果、ケータイがいらない環境を構築したわけである。これには町内に金沢工業大学があり、大学が町のIT化に対してさまざまな取り組みを行なっていることも無縁ではないだろう。

そう、野々市町は立地から環境まで、すべて「特殊」なのだ。これと同じ方法論を別の場所で展開しても、うまく行くはずもない。野々市町でも石川県の条例による規制は、金沢を始めとする都市部では上手く行かないだろうと見ている。


野々市町役場。昔の「町役場」のイメージからはずいぶんかけ離れている

●保護者から見たケータイ規制

このケータイ不所持運動「プロジェクトK」の実態を調査するため、町民の方にお話を伺ってみた。

実際にお子さんが野々市町の中学に通っているというKさん（仮名）にお話を伺うことができた。野々市町にはまったく手づるがなかったのだが、そこはネットの良さである。Twitterで野々市町にお住まいの方を募集したところ、たまたまKさんが取材に応じてくださることになった。インタビューの全文は、181ページに掲載してあるので、併せてお読みいただきたい。

●周りに持っている子が少ないから、ケータイを欲しがらない

Kさんは取材前に、同級生のほかの保護者の方にもヒアリングしてくださっていたので助かった。お話を伺ったところでは、プロジェクトK自体の認知度は、保護者間では必ずしも高くはないようだ。駅などに張り出されるポスターでなんとなく知っている程度で、具体的な活動は意識したことはない、という。

子供自身がケータイを欲しがらないのか、という点に関しては、早くからの取り組みのせいもあって周りに持っている子が少ないため、あまりケータイが欲しいという話にならないようだという。

この現象に関しては、モバイル社会研究所の『世界の子どもとケータイ・コミュニケーショ

ン 5カ国比較調査』に調査報告があった。調査によれば、仲の良い友達にケータイ保持者が増えるほど、ケータイを欲しがる度合いが増す、というものである。

これは、「みんなDS持ってるから僕も買ってー」という子供らしい理屈とは少し意味合いが違っている。ケータイはコミュニケーションツールであり、コミュニケーションの相手は当然仲の良い友達である。つまり、友達に所持者が増えるほど、加速度的に利便性が向上するわけである。このような現象を、同書では「ネットワーク外部性」という言葉でくくっている。

●ケータイそのものが悪なのか

しかしその反面、意外な事実も浮かび上がった。野々市町の調査では、中学生の携帯所持率は低い水準を保っているということであったが、高校生の所持率は全国平均とほぼ同じで90数%程度まで一気に跳ね上がる。知り合いの保護者の方にヒアリングしていただいた話では、野々市町でも中学3年生になると、ほぼ半数近くの子供がケータイを所持するという。

前出の『世界の子どもとケータイ・コミュニケーション 5カ国比較調査』でも、年齢別ケータイ所持率を調査しており、小中までは都市部のほうが地方部よりも所持率が高いが、高校になると地方部も都市部と同じ水準になるという結果が出ている。

安心ネット促進協議会のシンポジウムで、2009年は日本各地の状況を視察することができたのだが、地方部での高校生のケータイ所持率は、時には全国平均を上回る地域もあること

●野々市町・石川県・全国の学年別所持率の比較

	野々市町	石川県	全国
小学1年生	1.4%	3.6%	—
小学2年生	3.7%	5.9%	—
小学3年生	4.4%	7.8%	—
小学4年生	7.0%	9.7%	18.2%
小学5年生	6.5%	10.0%	20.0%
小学6年生	8.6%	11.1%	22.2%
中学1年生	8.9%	16.1%	43.5%
中学2年生	12.5%	21.6%	48.4%
中学3年生	15.2%	29.2%	55.3%
高校1年生	—	96.1%	98.0%
高校2年生	—	96.1%	96.4%
高校3年生	—	96.0%	96.0%

出典：プロジェクトK「町内小中学校携帯電話所持率調査（2008年10月）」、石川県「携帯電話に関するアンケート調査（平成20年年10月）」、内閣府「青少年のインターネット利用環境実態調査（平成23年2月）」

●野々市町の高校1·2年生の携帯所持率

高校1・2年生
87.1%

野々市町内にある明倫高校の1・2年生541名を対象としたアンケート結果

出典：大戸朋子「野々市町のケータイ・リテラシィ学習経験をもつ携帯電話新仕様学生の利用実態調査」

●年齢別所持率・地方と都市の比較

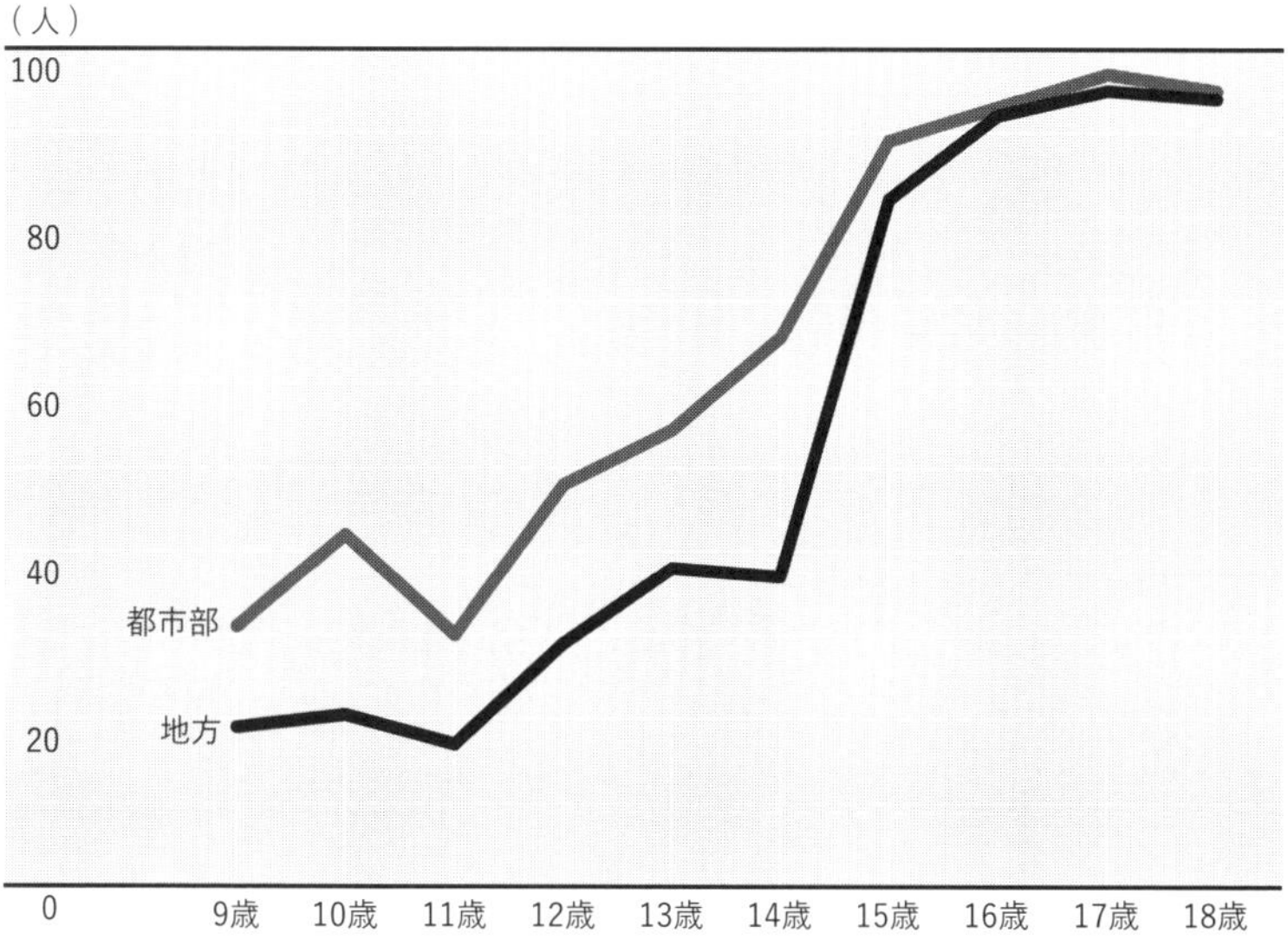

出典：『世界の子どもとケータイ・コミュニケーション５ヵ国比較調査』（著・モバイル社会研究所）

が分かった。もはやケータイは地方部の生活にとって必需品であるということである。高校生ともなると、行動範囲がその水準に達するということであろう。

　Kさんによれば、野々市町の所持率調査と現実が乖離している点に関しては、おそらく所持率調査に対して正直に回答していないのではないか、ということであった。そう考えるヒントは、プロジェクトKの活動の一環として公募されたポスターにも現われている。

　このような活動は、多くの人を巻き込めば巻き込むほど、あるいは活動が長期化すればするほど、往々にして目的や手段が単純化し始める。本来問題なのはネットを使って悪事を働く者であるはずなのに、ケータイそのものに対して悪であるといった感情を抱かせるような表現に落ち込んでしまっている。

　プロジェクトKの活動母体となっている「〝ののいちっこを育てる〟町民会議」の公式サイトでは、ケータイから蛇のような牙やシッポが生えたイラストが表紙を飾る。「蛇

野々市町駅待合室に貼ってあった、2008年携帯電話対策ポスターコンクール優秀賞のポスター

蝎のごとく」とはこのことであろう。これでは、「ケータイを持たせている」とはなかなかアンケートには書けない保護者の気持ちも分かる。

このような嫌悪感情をケータイ端末そのものに転嫁するような活動は、まず次世代のスタンダードにはなり得ない。これに乗せられて条例まで作ってしまった石川県は、近い将来困ったことになるだろう。

●矢面に立たされるケータイ販売店

子供がネットで違法・有害情報に触れる、あるいは誘い出しのような行為を受ける原因は、携帯電話の機能の問題ではなく、ネット上のさまざまなサービスの問題である。このことは、ある意味インターネットユーザー全員で対策を考える必要がある。しかし地方部においては、ネットのネガティブな面を象徴するものが「ケータイ」であることが分かってきた。それは、ケータイで扱っているウェブサービスがキャリアとは別の様々な企業によって提供されていることが、頭では理解できても体感として理解できていないからではないか。

例えば東京に暮らしていれば、Yahoo!やGoogle、あるいはDeNAやGREEといったネット企業が現実にあり、ニュースや広告でそれらの名前を見れば、ああ、東京のどこかに本社があるんだろうな、という感覚が持てる。サービスに問題や意見があればメールを送ったりするだろうし、いざとなったら本社まで行くか、といったことも可能性としてゼロではない。

しかし地方部においては、これらのネット企業は、どこか遠くの手の届かない会社であり、形として見えてこない。地方部で具体的な形として見えているものと言えば、それはもう目の前にあるケータイと、ケータイ販売店しかないのである。

さらには、安全なネット利用の普及啓発の活動や組織の存在も、全く地方部には伝わっていない。石川県では県庁、県議会議員、PTAなどに取材したが、誰も「安心ネットづくり促進協議会」の名前を知らないし、「MIAU」は不思議そうな顔をされるだけ、「MCF」▼49（モバイルコンテンツフォーラム）に至っては「そんないい団体があるんなら早く教えてくださいよ」とどやされる始末であった。その一方で「EMA」▼50だけは、以前相当大手新聞社に叩かれたことで、悪名としてはよく伝わっていた。

●キャリアから見捨てられた石川県の子供たち

地方においてケータイの問題で最も矢面に立たされるのが、ケータイ販売店である。全国どこにでもあるがゆえに、さまざまなネットの問題が持ち込まれてくる。地方部では、ネットの話となると尻の持って行きどころがもうそこしかないのである。

石川を拠点に福井、富山の北陸三県、そして京都にもまたがってauショップを展開する企業、相互移動通信の代表取締役 池崎正典氏は、ケータイの所持規制努力義務を盛り込んだ「いしかわ子供総合条例」によって矢面に立たされた1人である。条例では、中学生以下へのケータイの販売に関しては規制しておらず、あくまでも保護者に対する努力義務、としている。しかし池崎氏は、そういう問題ではないと言う。

前述したように、野々市町のケータイ不所持運動の拠点である「〃ののいちっこを育てる〃町民会議」の公式サイトが象徴するケータイの姿は、ケータイから蛇のような牙やシッポが生えており、ケータイに対する嫌悪感が露骨に反映されたものだ。相互移動通信では、石川県の高卒者を数多く採用しており、地元の発展に貢献しているという自負がある。新卒の彼ら、彼女らが携帯の販売という仕事に従事するということは、昨日までまるで蛇蝎のように忌み嫌われてきた携帯電話を、今日からは売る側に回るということになる。

「自分がやっている仕事に対して、誇りを持ってほしいんです」

従業員として多くの高卒者を預かり、時には他県にまで人を送る立場の池崎氏は、言わば親代わりである。ケータイの販売会社勤務という職業が、保護者に、まるで自分の子供が悪事に加担しているかのような肩身の狭い思いをさせてしまうことに、やり切れない憤りを吐露する。

池崎氏は、auを展開するKDDIに対していしかわ子供総合条例の所持規制改正に対して意見書を提出するよう、要請した。しかし、芳しい返答は得られなかった。携帯電話の売り上げは、石川、福井、富山の北陸三県を合わせても、全国の売り上げからすれば3%程度しかない。しか

49▼MCF……1999年に設立された、モバイルコンテンツ関連産業の健全な発展のために業界をサポートする団体。長らく任意団体であったが、2009年に法人化した。携帯のサービス事業を展開する会社が中心となっており、消費者の利用やサービスの改善点などについて多くの調査研究、提言などを行なっている。

50▼EMA……一般社団法人モバイルコンテンツ審査・運用監視機構の略称。青少年の利用に配慮したモバイルサイトの審査、認定を行なっており、EMA認定サイトは携帯フィルタリングの対象外となる。一時期EMA認定サイトにおいても青少年の誘い出しなどの事例があったため、メディアに激しく叩かれたことがある。

も全国で初めての事例である。さらに販売に対して直接規制はないということから、ケータイキャリアは動かなかった。

石川県教育委員会でも、ネットのパトロールは数年前から実施しているという。しかしその実態は、学校の先生方が、人差し指でポツリ、ポツリとキーを叩いている状況で、「それなら慣れているケータイショップのスタッフでボランティアをやるべきだ」という思いを強くした。

自分たちでどうにか情報教育の扉を開くしかないと考えた池崎氏は、北陸三県のケータイ販売店全部を巻き込んだ団体を作り、安全な利用の普及啓発とネットパトロールをやるしかない、と決断した。だが、ケータイキャリアを跨いで販売店が団結するのは、全国でも過去に例がない。やりましょうと手を握ってくれたのは、auとソフトバンク系列だけだった。発足に向けてギリギリまでNTTドコモ系列店と交渉を続けたが、理解は得られず、参加は見送られた。

2009年12月3日、KDDI(au)、ソフトバンク系列22社110店が参加する「北陸携帯電話販売店協会」は、最大手のドコモ系を除いた、まるで片側の翼がない飛行機のような状態で離陸するしかなかった。

●「ケータイを持たせない」運動、県庁の場合

取材で石川入りして最初にお話を伺ったのは、石川県庁であった。インタビューの全文は160ページに掲載したので参照していただきたい。条例改正を行なったのは県議会だが、実

際にこの条例を所管・運用していくのは県の仕事になる。担当するのは、「少子化対策監室」であるという。ケータイ所持規制と少子化対策は、全く関係がない。しかしそこには、石川県特有の真面目さから来る悲哀がある。

なぜこんな構造になったかというと、2003年（平成15年）から施行された「次世代育成支援対策推進法」が発端である。これは急激な少子化や家庭、地域環境の変化に対応するための、子育て支援策だ。具体的には、企業に対する子育てと仕事の両立支援を求めるなど、福祉的要素の強い法律である。

石川県ではこれに真面目に対応するため、子供に関するいくつかの条例、例えば子育て支援策、子供の権利擁護、若者の自立支援などを、全部1つにまとめた。その中には、未だ多くの県では独立して存在している青少年健全育成条例も含まれている。確かに沢山の法や条例が乱立していては、総合的な支援が難しい。管轄が違うということで役所内でたらい回しになりかねない。こうしてできたのが「いしかわ子供総合条例」であり、それを所管するのは必然的に少子化対策監室になった。

もともとの発想は良かったのだ。ただその中の青少年健全育成条例的な部分に、携帯電話所持規制が改正で盛り込まれることになった。福祉のような社会的弱者に対する支援策と、子供にケータイを持たせないという教育的啓蒙活動は、そもそもベクトルが全然違う。取材に応じていただいた皆さんは公務員なので、心情的なことはもちろん発言されないが、約1時間半の間対峙して筆者がひしひしと感じたのは、「困惑」であった。

●前例のない運用の難しさ

小中学生に対する携帯所持規制という全国に類を見ないこの条例を、どのようにドライブして行けばいいのか。筆者の関心もそこにあった。このような条例は、子供を持つ親の立場から見れば、まあありがた迷惑というか、大きなお世話である。当然反発も大きいだろうし、石川県外からの、特に携帯電話も含めたネットワークサービスの中心地である首都圏からの疑問の声も大きい。それを矢面に立って推進していかなければならない立場として、どのようにやっていくのか。

筆者が一番知りたかったのは、この条例による所持規制の効果測定をどのようにするのか、というところであった。所持規制の最終的な目的は、青少年が犯罪に巻き込まれないこと、また加害者にもならないことであるという。それならば、所持を規制したことで、青少年が関係する犯罪が減少したという効果測定をしなければならない。そうしないと、規制する意味がないからである。

しかしこれはそう単純には行かない。単純にケータイを何年から規制しました、すると何年から青少年被害は減少しました、というだけでは、因果関係は分からない。違う要因によって減少したかもしれないからある。

特に調査の障害となるのが、県全体で一斉に規制してしまうことで「規制しなかった場合」のサンプルが取れなくなることである。比較対象がなくなってしまうわけだ。特に石川県は、日本で一番共働き世帯が多いという特殊事情がある。このことは、データに影響しないはずがなく、他県・隣県は事情が違うため、比較対象にならない。

さらに青少年が関係した犯罪のうち、ネットやケータイがどのように関与したのか、さらにはネットやケータイがなければそもそも犯罪は起こらなかったのか、といった因果関係を、社会的背景を考慮しながら具体的に調査しなければならないはずである。

そのような質問をぶつけてみたところ、みな驚いた顔をしたのが印象的であった。効果測定が必要であることまで、まだ想定していなかったのだろう。そもそものような調査は、犯罪を対象にしたものである以上は警察が行なっている。しかし自治体としては公正を期するため、警察から提出される資料だけを元に判断するわけにはいかない。当然自分たちでも加害者、被害者に接見しなければならないだろうし、プロバイダ責任制限法に基づいた情報公開請求を行ない、通信ログを分析する必要もあるだろう。莫大なリソースが必要になる。

●石川県と全国の共働き世帯比率の比較

	夫婦のいる一般世帯	夫が就業者	妻が就業者	共働き	共働き世帯の割合
全国	29,338,243	22,677,297	14,074,838	13,033,783	44.4%
石川県	265,900	214,235	156,538	146,441	55.1%

出典：平成 17 年国勢調査

またケータイを持たせないことに対しての、代替措置も必要だ。例えば野々市町の例のように、塾からのメール報知システムのようなものである。しかしこのような具体的な対策は、「ない」という。また、ケータイを持たせない県という特殊事情、他県や大人、高校生まではみんな持っているが、小中学生だけは持っていないという事情を加味した独自のリテラシー教育カリキュラムも、そんなものはどこにも「ない」のだ。

石川県には、これからやるべき事が山積している。

インタビュー

石川県議会議員　宮元陸氏

「全国で初めてやるということが大事」

石川県では2010年1月1日より、小中学生に防災や防犯以外の目的で携帯電話を持たせないようにする保護者の努力義務を盛り込んだ「いしかわ子供総合条例」が施行された。09年6月の条例改正では、フィルタリング解除を行なう際の保護者の理由書提出の義務付けとともに、全国初の携帯電話所持規制が盛り込まれたことで、全国的に注目が集まっている。

まずは携帯所持規制の努力義務案を提出し、条例改正に大きな役割を果たした、自由民主党石川県議会議員の宮元陸氏にお話を伺った。（インタビュー収録・2009年11月11日）

●条例改正の経緯

――小中学生の携帯電話所持規制についてどのくらい前から検討されていましたか？　また、きっかけとなった具体的事件などはありますか？

宮元●検討を始めたのは2008年ぐらいですかね。法案についての個人的な思いは、「ゲーム脳」などが騒ぎになり始めた頃からありましたけれども。きっかけとなったのは、能登町のバット殴打事件▼51や、私の住んでいる加賀市でも高校生が巻き込まれる事件▼52がありました。それ以外にも出会い系サイト等の問題が出てきており、いよいよ都会だけの問題ではないと実感を持ったことでしょうか。

――携帯電話の問題とされている中で、どこを一番問題視していますか？

宮元●やはり出会い系サイトの問題がまずは一番大きかったんじゃないですかね。

――出会い系サイトは女の子の問題が多いと思うのです

51▼能登町のバット殴打事件……2008年9月、石川県能登町の県立高校で、同校1年の少年（15）が同級生の男子生徒の頭をバットで殴り、重傷を負わせた事件。少年は「ブログに書き込まれた内容に腹が立ち、殺そうと思った」と供述した。

52▼加賀市の少女わいせつ事件……2008年8月、加賀市の風俗店で金沢市の小学校教員が現金を渡し、当時17歳の少女にわいせつ行為を行なったとして児童ポルノ禁止法違反に問われた事件。少女が中学1年生だった4年前にインターネットの出会い系サイトで知り合い、数回にわたってわいせつな行為を繰り返してきたという。

が、男子生徒に関してはいかがですか？

宮元●男ではなく、事件に巻き込まれているのは女性でしょ。特に（携帯電話の）所持率の高い高校生。

――主に女の子が問題なんですかね？

宮元●女の子の方が事件化していますから。

――最終的な目標は、女子学生の被害が減少することなんでしょうか？

宮元●女子学生の被害は氷山の一角、学校裏サイトのようないじめの問題もありますし、本来なら顔と顔とを合わせてのコミュニケーションが普通だったのに、機器を介さなければならなくなっている。対人関係がいびつになってきています。どこかで歯止めをかけていかないと。バーチャルリアリティと現実との区別が最近つかなくなっている部分は、極めて問題だと思っているわけですよ。そこを放置して人間として人と人とのつきあいができるのか。本も読まない、手紙も書かない子供たちをこのまま放置しておくと、薄っぺらい人間関係を作っていくことになるんじゃないかというのは、ものすごく心配です。

――携帯電話と非行の関係は、どのようにお考えですか？

宮元●ですから出会い系サイトもありますし、基本は見知らぬ人同士がどこでもつながるということですよね。我々が小さい頃は、繁華街で遊ばなければそういった連中に会わなかったのに、「どこでもドア」のように出会えてしまう。こんな怖いことはないと思いますね。本人が非行のつもりではなくても、誘われ、引きずり込まれてしまうものだと思うので。携帯電話は、あまりに安易に直結するツールとして、非常に怖いと思いますね。

――党内の議論の中では、所持規制を条例化することのメリットとデメリットについて、どういった議論がありましたか？

宮元●自民党の中では、反対意見はあんまりなかったですね。実際、みんな議員として地元の活動を行なっていく中で最近の子供の動きを肌で感じていましたし。（条例の改正部分が）訓示的なものでもマイナス面は大きいという議論には会派の中ではなかったですね。もちろん他会派では反対意見はありました。

――県議会の中での異論は？

宮元●最初の改正条例案の段階では、携帯電話所持規制の対象に高校生も入れるつもりだったんです。ただ既に高校生は所持率が90％を超えており、規制するのはいまさら難しいと他の会派から反対を受け、ダメになった。反対会派の1つからは、強制力、拘束力が生まれ、それはいわゆる表現の自由や幸福追求権というのか良く分かりませんけど、それにも抵触するという意見もありました。ただ努力義務規定であるため、そこまでの強制力はなく法的な問題はないと。ほとんどの会派からは高校生の規定を除外した段階で、良いのではと言われました。

石川県PTA連合会も積極的にやってくれたんですよ。条例についてもものすごく賛成してくれましたし。野々市町の団体（〝ののいちっ子を育てる〟町民会議）も含めて、国の教育再生懇談会の動きや大阪府の橋下知事の発言などが条例成立時に重なり、やるタイミングとしては絶好の、ここしかないというタイミングでしたね。

●条例の性格

――「インターネット環境整備法」が09年4月から立ち上がりましたが、この時の議論はどのようにご覧になっていましたか？

宮元◉国でも教育再生懇談会などでの議論がありましたが、なかなか（国単位で子供たちの携帯電話所持規制について）強制力を持たせるのは難しいし、最後は教育の問題かなというように思っていました。

県の改正条例は、フィルタリングの点では国のインターネット環境整備法と補完関係にあります。地方自治体の条例は、国の法律を飛び越えて制定することはできませんから。

――携帯電話の所持規制の部分はいかがでしょう。

宮元◉所持規制については「努力義務」で、ご存じの通り拘束力はないですから。訓示的な意味での条例であり、啓発活動、呼びかけのようなものだと考えています。

――つまりこの条例の目的は、携帯電話の所持率を低下させることではなく、親に対して情報社会の在り方について考えさせるというのが落とし所でしょうか？

宮元◉落とし所は、まさにそこですね。子供が携帯電話の通話料を払う訳ではないですから、親に対しての話ですよ。強制力は全くなく、携帯電話の所持、不所持については本人の意志次第ですが、改正条例のように文言を明文化することに意義があるんです。分かっていても言わないのが今の世の中ですから。

――それでしたら、この条例はだいぶ誤解されてますが？

宮元●携帯電話の所持規制ってなんて強引な、という感じでしょうね。まぁ小学生、中学生は（携帯電話は）いらないだろうと。田舎といったら怒られますけど、地方ではそういう考え方が多いと思いますよ。だからテレビやマスコミは「持たせない」条例と取り上げて、中身と努力義務の言葉自体もあまり分かっていない。半強制的に持たせないようにするのではと思われてしまっているんでしょ？

――所持規制という表現が、やはりインパクトありますからね。

宮元●ストレートな表現を使うことによって関心をひくのも事実なんで。石川県は最初ものすごく嫌がったんですよ。というのも執行機関は責任を負わなければならないということで、猛烈な抵抗があった。役人だから批判を受けるのがいやなわけですよ。僕らは「批判オーケー、やってよ」という立場ですから。

しかし今回の所持規制については、強制をしたりということでは一切ないんです。強引な手法で啓発をしていこうということでもないし。条例に関してはあくまできっかけ、インパクトを与えるものであり、犯罪が多発する中で真剣に話し合いをする場を作ってほしいということなんですよ。

——ちなみに、議員はお子さんがいらっしゃるんですか？

宮元●娘は一番危ない歳なんですよ。高一、中一、小五の女の子がいるんで、心配で仕方がないんです。

——娘さんが携帯電話持っていたら、記事になっちゃいますよね。(笑)

宮元●記事になるどころか、議員をやめなきゃいけないんじゃないかと思いますよ。(笑)

——娘さんは携帯電話を持ちたいとおっしゃっていますか？

宮元●高一の長女は持ちたいと言っています。携帯電話を持っていないことで、娘が孤立しているんですよ。中学の時はそもそも所持率が低かったんですけど、高校に行ったら携帯電話を持っていない割合と持っている割合が逆転してしまって。持っていない数パーセントに入っている訳ですよ。完全に孤立しているんです。

親、先生の言うことを聞いているのに孤立するのというのは、まずいことなんだよね。持っていない子を孤立させる、いじめにあうというのは絶対にいけない、それはダメですよ。でもね、僕は絶対携帯はダメだと。娘はかなりショックを受けていたようで、最初、口をきかなかったですね。押し付けるわけでもないですけど本人のためでもあるし、ダメだと。どうしても欲しいのであれば、自分で稼げと極端な言い方もしましたけどもね。

——娘さんにはどのように説得されたんですか？

宮元●メールが来たらすぐ返さなければいけない、何秒間ルールとかあるんでしょ？ あれは拘束されちゃう。便所、風呂、寝る時も肌身離さず持っているし、これはまずいという話と、お父さんの立場の話をして。まあ相当不満だったようですよ。どうしても使いたいのであれば、家の電話をお母さんの前で使えば良いんじゃないかと。家ではそうしています。

——やはり娘さんは携帯を必要とするシーンがあるんでしょうかね？

宮元●クラブ活動などの連絡網で、携帯電話を使う場合もあるそうなんですよ。学校もそういう風にしちゃったんですよね。

——最近、そういうところ多いみたいですね。

宮元●そうでしょう。ただ部活の指示を出すのは先生とかでしょ。携帯電話等に頼らずに学校で連絡するとかね。僕の時にも連絡網がありましたよ。電話番号がピラミッド式に書いてあってね。

——最近は個人情報保護法の影響で、連絡網の扱いが難しいという話は聞きますね。過剰に反応している部分もあるとは思いますけど。

宮元●そうそう。あんな法律を作るからおかしくなるんでね。法には違反していないのに、過剰に反応しちゃっているんですよね。

●規制条例が投げかける影響

――今回の条例改正について全国から注目を集めていますよね。立案者としてはどのようにお考えでしょうか？

宮元◉全国で初めてやるということが大事なんです。二番煎じ三番煎じではインパクトがないんですよ。地方から国を動かすことが出来る1つの考え方なんです。他の自治体が関心を持ってくれて、そこが多ければ多いほど志は果たせるので、追随してもらいたいですね。

――他自治体から石川県にヒアリングに来られることも多いと聞きましたが。

宮元◉他自治体の議員はかなり来ています。話を聞きに来たり、政務活動の一環として、執行部に来ているみたいですよ。今でも大手の新聞で取り上げてもらったりしていまして、非常にありがたいですね

――他県では啓発活動が行なわれず、単純に所持規制だけ行なわれる可能性はないでしょうか？

宮元◉そんな度胸のあるところはないですよ。いろいろ聞いてきますけど、そこまで強制力がある所持規制をするのは基本的に違法、憲法違反ですから。ここまで話しても、なかなか分かってもらえないんですよ。

●情報リテラシー啓発の課題

――保護者への情報リテラシー啓発プログラムが必要だと思いますが。

宮元●必要ですね。携帯電話不所持について条例化しましたが、本来であれば条例化は必要ないことなんです。昔の日本であれば、しつけ、家庭内教育がしっかりとしていたんですが、現在ではそうではなくなっています。それを代わりに行政が行なっているというのが、本当のところですよね。そうしないと、どうしようもなくなっているんではないでしょうか。

――保護者に対する啓発プランとはどのようなものですか？

宮元●行政の家庭への関わり方についていろいろと指摘する方もいますが、行政は血税である教育予算を獲得した上で子供たちに行なっているわけで、説明責任もある側です。どこかが手本にならざるを得ない時に、行政が権威者になっていくべきだと僕は思いますけどね。（家庭内の）自主性に任せますというと、野放しになるわけですよ。

――子供たちに対してリテラシー教育を行なった後、その効果測定はどのようにしていくのですか？

宮元●技術的な面は分かりませんけども、もともと情報リテラシー教育を行なおうとしていたが、ほとんど機能していないわけですよね。かと言って、それはやめてしまえということではなく、それと同時にしつけも行なっていかなければならないと僕は思います。子供が防犯、防災の目的で（携帯電話を）使うのは良いけれども、それ以外にプラスになるか私は、非常に疑問ですね。

——条例の第33条2の4に、「保護者、地域団体、学校関係者その他の青少年の健全育成に携わる者は、相互に連携して、携帯電話端末等の適切な利用に関する取組の促進に努めるものとする」とあります。この文言があるということは、県下の学校に対して何か啓発プログラムがあるのですか？

宮元●去年、石川県の監査委員をしていた時に、各高校を回ったんです。学校の校長、責任者の先生の本音は、出来れば（生徒に）携帯電話を持たせたくない、勉強に専念してほしい訳ですよ。責任ある立場のだれかが旗を立ててくれれば指導し易いと直接聞いたものですから、旗を立てなければいけないだろうと。さっきの非行の問題もそうですけど、小学生、中学生でもみんな一緒ですよ。教育現場は絶対、（この条例改正について）喜んでいると思いますよ。

——既に携帯電話は社会的インフラとなってますから、大人になれば、いずれは持つわけですよね。その時までに、何らかの教育プランはあるんでしょうか？

宮元●そんなものないですけど、僕らだっていきなり使っていたわけですから。そんなことよりも道徳観、倫理観や分別わきまえた人間を作るべきで、その上で情報機器を使えば良いのではないでしょうか。現状で携帯電話に依存し、本を読まないことなどが問題になっている訳です。

インタビュー

石川県議会議員　盛本芳久氏

「今の社会の感覚とは言えない」

小中学生に防災や防犯以外の目的で携帯電話を持たせないようにする保護者の努力義務を盛り込んだ「いしかわ子ども総合条例」。これを決めた県議会で反対討論を行なった盛本芳久県議会議員にお会いすることができた。

盛本氏は公立中学校の先生を経て、県教職組合役員から現職となった、教育畑出身の議員である。忙しい中を縫って、月10本程度ブログのエントリーもご自身で書くなど、ネットにも明るい。条例改正の経緯からその未来に至るまで、携帯所持規制反対派の立場からご意見を伺う。（インタビュー収録・2009年12月20日）

●条例改正の経緯

――所持規制を条例に盛り込むという具体的な動きは、いつごろ始まったのでしょうか？

盛本◉議員提案の条例を作れるような議会にしていかねば、という話自体は2～3年前からあり、その中で、携帯電話の所持規制というのが出てきました。子供たちと携帯の関係を考えて、何か条例を作っていこうと。

――いつぐらいのことでしょうか。

盛本◉条例が出来る1年以上前かと思います。その時点では継続した話にはならず、各会派の中で何人かが話をしている程度だったと思います。

――きっかけとなるような出来事はあったのでしょうか？

盛本◉特にそういうわけではなく、自民党会派の皆さんがとにかく決めねばならない、携帯を持たせない、子供を守る、と、こういう話になりまして、話は一気に進んだという感じです。僕らもインターネットと子供については、事件も問題もあるし、何とかしなければとは考えていました。しかし4月に国の法律が出来たこともあり、フィルタリングの話もあったので、いったん、様子をみて考えようとその時点では思っていました。

規制に関する条例案が自民党会派から出てきて、それをどうするか、という話し合いを行なっていくなかで、これ（携帯の不所持を条例化すること）はちょっとなじまないな、という意見を言ってみたのですが、最終的には数で押し切られてしまいました。

――石川県では、議員提案で条例の改定を行なうことはよくあるのでしょうか？

盛本◉いや、ないですね。初めてに近いかと思います。県によっては相当作っているところもありますが。やはり自分たちで条例を作るとなると、色々調べたり、他の法律との整合性も考えたりしなければならないから、事務局体制などいろいろ作らなければならないのですが、石川県では体制が十分に出来上がっていないのです。

●条例に対する違和感

――努力義務とはいえ、条例になったわけですから、他県にも相当影響を与えると思います。これをどうお考えですか？

盛本◉そんなにたくさん電話がかかってきたというのではないですが、他県からは「なに作ったの?!」、「ばかじゃねえの?!」という反応が一部ありました。僕も「そうやねえ」といってるんですが。それから県内の保護者の方からは、「こういった事情で持たせているのですが、それが悪いってことなのでしょうか？　もう持ってはだめってことですか？」といった怒りというか、当惑というのは感じられましたね。

――携帯所持規制派の宮元議員は、上のお子さんが高校生なので、家庭の中で持たせる持たせないで、そうとうもめたそうです。

盛本◉そりゃ、もめるでしょ。うちの子供はもう大学まで卒業している年だけど、当時2人とも高校卒業まで持たせなかった、私は。うん、もちろんちゃんと話し合った上でだけど。

こういうことは親と子供が相談して、話し合って決めればよいことだと思う。さらに条例によって話し合いが進むことが良いと言う主張もわからんじゃないんだけど、そしたらそういう買う買わないの問題を含めて話し合う、といったキャンペーンを県や教育委員会がやればよいのであってね。僕らはそういったことを条例でスパッと決めてしまうやり方に、違和感を覚えている。

——条例だけが一人歩きする状況ではなく、石川県議会での議論や経緯も含めて、全国に周知していくことが必要だと思うんです。

盛本◉条例提案会派からすれば、ちょっときわどい条例を作ったことをアピールして、波及して、業者もあわてて対応、などというのが効果だというかもしれませんね。

●条例化の問題点

——そもそも条例の目標としては、青少年が犯罪に巻き込まれないようにすることですよね？

盛本◉もちろん、それはそうです。また、家でメールばかり打って、本を読むとか、友だちと遊ぶとか、勉強するとかいった時間が、携帯に食われているという話もある。そういうことは携帯がなければやらないわけだから、それも目標にはなるかとは思います。

——しかしそれは、効果測定が難しい目標ですよね。

盛本◉それは言えますね。これもまたばかばかしい話だが、全国学力テストの質問項目にも、携帯電話所持が入っています。携帯不所持のおかげだ、と単純にいいほうに彼らは結びつける。そういうこともあるかもしれないが、単純に朝ごはん食べたら成績がよくなる、みたいなね。そんなふうにして、「親は毎日朝ごはんを食べさせるように努力するように」なんて条例作るのと似ているな、なんて感じがするんだけど。そこまで決めるのかっていう。

――まあ、朝ごはんは作って欲しいと思いますけど、条例化というのは、ちょっと。

盛本◉そうでしょう？　そういう感覚なんですよ。だから要約すると、感覚の問題なんですよ。やっぱり、ちょっとねえ。今の進んだ市民社会の感覚とはいえない発想だと思うんだよね。もちろん教育界には、「だめなものはだめなんだ」という強制も教育には必要だとおっしゃる方もたくさんいるし、それも、まったく間違いとはいえない。学校で話し合いをしましょう、とか、親に呼びかけるとか、その程度ならいいと思っているのですが。

――呼びかけなら、09年に石川県ＰＴＡ連合会が「原則、小中学生に携帯電話を持たせない」という宣言文を発表してますよね？

盛本◉そうですね。そういった中で子供たち自身が、「やっぱり、これは僕らにとって大切なツールなんだ」といえば、子供に正当に表現させ、大人は受け止め、対等に議論して、ということが子供を育てるということになると思っているんですけどね。一方的に、「だめなんや！　高校になったら買ってやるし！」というのはちょっと。

●条例の今後

――条例がスタートするにあたり、周知の動きはありますか？

盛本◉県ないし、県教育委員会が、２０１０年1月からはこうなりますよ、というリーフレットみたいなものを出します。この前、議会の委員会でリーフレットに、もっと「持たせない」ということを前面に書かなきゃいけないんじゃないか、といった自民党の方々の意見があったと聞いています。すでに持たないことになりました、とは書いてあるのですが、持たせないことが保護者の義務だと強調しようという話はありました。

ただ、それが町の中でもそういう話になっているかといえば、そうではないと思います。まあ、中学に入るとか、これから中3になるとか、そういった当事者の中では話題になるかもしれませんが、県民全体の大きな動きや話題にはならないかもしれません。

――石川県は、夫婦共働きが多い県なんだそうです。そんなことから子供に携帯を持たせる家庭の事情もまた、あると思うんです。

盛本◉給食費を払っていないのに、携帯を持たせるような家庭もある、なんて話もありますが、そうはいってもそうした家庭だからこそ、携帯をもたなければならないような事情があるのかもしれない。ぜいたく品だ、という見方がまだまだありますが、携帯でやっとつながっている親子関係のような、厳しい家庭環境だってある。簡単に所持することが悪、と決めるのは、やはりよくないと思います。

――今まで条例規制されたものといえば、本ですよね。有害図書規制と携帯が同じ視点で扱われるというのはどうなのでしょう？

盛本◉むしろ悪いのは違法・有害サイトなのだから、違法サイトの指定に取り組むのはどうか、という質問をしたことはあります。まあ県単位では難しいとは思いましたが。

――今後、条例の改正部分の取り消しを求めて、何かなさいますか？

盛本●今のところ、考えていないです。ただこれからの先を、彼ら（自民党会派）はどう考えているのかと、質問はしました。ですがこれからさらに高校生などに広げるという展望などがあるようにもみえないし、かといって中学でスパッときるというのも、しっくりくる理屈がないし。これからその規制によって、どうしていこうという先が見えない。努力規定として条例化したものが、有名無実化していくのも困ったものだなと思うし。

僕らとしては今後、すっきりといろんな対策も採られ、情報リテラシー教育も行なわれ、保護者の意識も高まってきたら、条例を再び改正してもいいんじゃないかと思うんだけど、自民党の人が取り下げるとは思えないですね。

単に条例が出来たから、所持率が何％と、ただ数字を追いかけるだけになるのではないかと。石川県は他県より所持率が低いからすばらしいといった、そんなところだけにこだわるような結果になるのではないかと、懸念しています。

インタビュー

石川県県庁
「あくまでも努力義務」

「いしかわ子供総合条例」を実際に所管するのは、石川県健康福祉部少子化対策監室であるという。全国で初めての携帯所持規制条例を運用するにあたり、県ではどのような方策を取っているのだろうか。
石川県庁にて、健康福祉部少子化対策監室子ども政策担当課長 清水健次氏、保護者に対する周知・啓蒙を担当する立場から教育委員会事務局 生涯学習課 課長補佐 宮崎謙治氏、学校に対する指導を担当する教育委員会事務局 学校指導課 生徒指導担当 課長補佐 川内斉氏にお話を伺った。なお、役職は当時のものである。（インタビュー収録・2009年11月11日）

●条例の周知の方法

――新しい改正ポイントの具体的な周知の方法は？

宮崎氏◉パンフレットは小中学生の保護者、高校生の保護者向け2種類作りました。前者は所持規制について、後者はフィルタリングの徹底について、それぞれウェイトを置いた形としています。

保護者に対しては、昨年度も携帯電話に潜む危険性から子供たちを守るために、フィルタリングの徹底と携帯電話の適正な利用を啓発のためにリーフレットを作成しています。これは昨年の夏休み前の保護者懇談会等で配布したもので、担任から直接保護者の方にお渡し頂き、説明もして頂きたいということで、同時に教員向けの解説用資料も作りました。

——周知状況というのは、把握していらっしゃいますか？

清水●小中高校生の全保護者に周知をやっていただいております。さらに、今後は、あらゆる機会を通じて、理解を深めていただけるような努力をする必要があると思っています。

——他に取り組んでいらっしゃる周知方法はありますか？

清水●条例が変わりましたということで、ポスターを作っています。保護者に対しては、今後どのような行動をとるべきなのかということが見えづらい部分があるので、そこら辺を解説したリーフレットを作りたいなと思っています。

またフィルタリングについては、保護者の方々に申出書を出す手続きが新たに必要なので、事業者の方々にもその説明のためのチラシを販売店の店頭に置くような形で準備しています。

——事業者、販売店には対しては、行政の方からこうしてくれみたいな要請は出されるんでしょうか？

清水●まず販売店に来られるのは携帯電話を買おうという方なのですが、こういった条例が出来たので一回考えて下さいねという働きかけを事業者の方にしてもらうことは、求めていません。

周知は行政できちっとやりますということなのですが、改正条例のリーフレットを店頭においていただくなどの協力はしていただくことになっております。

事業者の方々に関しては、法律に基づいて販売するのであればフィルタリングをかけて下さい、解除の申し出があれば理由をつけた申出書が必要ですよとお話しはしてあります。

――既に携帯電話を所持している子供たちはどうすべきですか？

清水◉条例は基本的に施行日以降の新たな契約者を対象としていますけど、条例の趣旨からいって、携帯電話を青少年の方が持つことをもう一度考えてほしい、これを契機に携帯電話の利用について考えてほしいと思っています。

持たせないということが全面に出ていますけど、条例の趣旨は青少年に利用させるにあたり、子供の意識、理解度によって、保護者が責任を持って取り組んでほしいというのが基本です。特に小中学生に対しては持たせないことを基本として考えてはどうかということを、条例は言っているんだと理解しております。

――所持規制に関しては小・中学生が対象で、高校生はフィルタリングに関してだけの規制になりますか？

清水◉所持規制についてでは、小中高校生すべての保護者に年齢などに応じて考えてくださいというふうになっています。ただ、特に小中学生については持たせないことを基本に考えましょうとなっています。

●条例の効果測定

――石川県全体で所持規制を行なってしまうと、比較対象が他県になってしまうので、条例の効果測定が難しくなってしまうのではないかと思います。石川県ならではの事情や特性を加味できないですよね。

清水◉所持率が下がるのが目的ではなく、青少年が加害者、被害者にならないのが一番大事なので、そういったことが1件でも減ることが一番の効果かなと思っています。

――携帯電話、インターネットに関する意識調査などは行なっていますか？

川内◉本県は2008年10月に、公立の小・中・高等学校、私立の高等学校の児童生徒約13万人を対象に、携帯電話に関するアンケート調査を実施し、そこで児童生徒の利用実態が見えてきました。

また2009年4月から、ネット上の巡視を行なっています。本県の場合は、県立高校の情報技術に詳しい教員8名が4名1組で週に2回、半日かけてパソコンと携帯を使って、ネット上の巡視をしています。アドバイザーとして弁護士、県警少年課の方、携帯電話事業者にも加わっていただいております。

これによって、アンケート調査の数値からでは読み取れない子供たちの携帯電話の利用実態が見えてきました。誹謗中傷、いじめの書き込みも若干ありますが、個人情報やふさわしくない画像などの掲載が多いです。

問題があると判断した書き込みについては、学校にすぐ連絡して、直接、学校の教員が保護者の協力を得て指導するようにしています。こういう直接的な指導の中で、情報モラルや規範意識を一つ一つ指導していくことが、本来の生きた生徒指導になると考えています。

●情報リテラシーの教育プラン

——条例を文面通りに読めば、高校で携帯電話を持つことになると思いますが、特に小・中の段階で情報リテラシー教育のプランはありますか？

清水◉よく子供から携帯電話を取り上げといて、いきなり高校で与えてどうするんだというお話をお聞きしますけど、いずれどこかで持つわけですし、それがどの時点で必要かというのは難しいと思います。実際に、小中学生は持っていないのが大半で、高校生になって急に大部分が持つようになって、高校生が事件に巻き込まれてしまう形になっています。情報リテラシーに関しては、今ではパソコン、携帯電話でもインターネットの面では同じになっていますが、そういった教育というのはこれまでやってきたわけですし、持っている、持っていないにかかわらずリテラシー教育は必要です。

——リテラシー教育は、県として何かカリキュラムがあるのでしょうか？

川内◉特別なカリキュラムはありませんが、学習指導要領に則り、小学校では道徳や総合的な学習の時間、中学校では技術・家庭、高校では情報などの授業で行なっています。

実際に携帯電話で起こっている様々な諸問題について、具体的にこんなことが起こっているから、こういうことに気をつけようと、分かりやすく子供たちに指導していくことが大切だと思います。

本県では2003年度にも携帯電話の実態調査をやっています。その結果を踏まえて、小中学校では携帯電話の学校への持ち込み禁止、高等学校では使用の制限などについて学校できちんと校内ルールを設けるよう指導しています。

特に小中学生の場合は、保護者を対象とした非行被害防止講座などにおいても、有効性だけでなく危険性もきちんと伝えて、必要のない限り、できるだけ携帯電話を持たせないように慎重な判断をお願いしてきました。そのような状況の中で条例改正がありました。高校生については非行防止教室というのをやっておりまして、我々と県警が連携して携帯電話の危険性や情報モラルの教育を行なっています。

——携帯電話と非行というのは、どういう関係にあるのでしょう？

川内●生徒指導担当の指導主事や関係者が集まった会議等では、携帯電話を使うことで子供たちの動きが非常に広域化しているという話は出ています。

——広域化というと？

川内●今までは狭い地域の中で遊んでいた子供たちが、お互いに連絡を取り合うことによって非常に動きが広域化しているということです。一方で、携帯電話を使うと、子供の動きが保護者から見えなくなります。潜在化していくと言いますか、保護者の方も自分の子供がどんな友達とつきあっているのか、見えにくくなっています。したがって、これまで以上に大人同士が連絡を取り合って連携していくことが大切になると思います。

――携帯電話を持たせている親は、非行被害も含めて緊急対策で持たせている面があると思うんですけど、それに変わるシステムなんかはあるんでしょうか？

清水◉何回も繰り返しになりますが、持たせないことが非常にクローズアップされていますけれど、条例の中でも基本的に防犯や防災などから、必要があれば持たすことは当然としています。条例で持たせないことを強制しているわけではないので、代わりのシステムが必要ということにはならないのかなと思っています。

――夜道が暗いなどやむを得ない理由があればということですか？

清水◉はい。

――やむを得ない事情の正当性を判断するのは、誰ですか？　申出書を受け取るのは販売店になるわけですが。

清水◉正当性の判断は、販売店はしません。保護者が自主的に判断することになります。

●地域活動のあり方

――子供たちの活動が広域化しているということは、地域の広い範囲で大人がちゃんと子供を見ていく活動が必要になりますよね？

川内●そういうことになりますね。学校だけではなかなか対応しきれない。学校間の連携が必要ですし、それだけでは十分でありませんから、やはり地域や保護者に加わっていただき、連携の中で子供たちを見守っていくことが必要になっています。

――見守るということに関して、何か市民運動みたいなものは計画しているんですか？　例えば長崎県では大規模な声掛け運動などが行なわれているようですけど。

川内●そういった市民運動が計画されているかどうかは、把握できておりません。

――第三者の大人が声をかけて不審者扱いされてしまう、いわゆる「声かけ事案」の頻発と、地域の大人が子供を見守るというのはうまくかみ合わない部分があると思うんですけど、そのあたりの対策というか手段はありますか？

川内●難しいご質問で、申し訳ありませんが、根本的な解決方法は思いつきません。

――石川県では不審者の声かけ事案はあまりないんですかね？

川内●時々あります。車で近づいてきた不審者に、下校中の小学生が声をかけられるということがあります。重大な被害に及ばないまでも、声をかけられたということは時々あります。

●注目を集める条例

――県としては、所持規制について全国から注目されて、困ったなという感じなんですか？

清水●確かに見た目というか、感覚的には条例で持たせるな、ということを規定するのは非常に特異というか、珍しい規定であるので、注目されるのは仕方がないかとは思います。ただ、中身は持たせてはいけないという規制ではないので、何らかのアクションを起こす必要があると県民の方々にアピールする効果は大きかったのかなと思います。

――「持たせない」という言葉自体にインパクトがあるんですかね。

清水●やっぱりマスコミなどで、何で持たせないんだという報道をされます。条例では何が何でも持つなとは言っていないので、そこは正直、誤解されている面もあります。あまり知られていないのは、子供向けケータイがあるんですよね。メールやネットが使えないとか、そういった端末の情報もどんどん提供していくべきなのかなと思いますね。

――携帯だけではなく、今はゲーム機などネットに繋がるいろんな情報機器がありますけど？

清水●問題意識としてはありますが、今は普及率の高い携帯電話にターゲットを絞っています。

――条例見直しの期間とかきっかけは、何かもうけられているんでしょうか？

清水●条例そのものが、「3年たったら見直しますよ」となっていますので、その期間で見直すということも想定されます。また青少年インターネット環境整備法が見直しされて影響を受けるならば、見直しをする必要があるかもしれません。

●無関心な保護者への対策

――我々も保護者の方に情報リテラシーの普及・啓発シンポジウムをやっていますけど、なかなか保護者の方に関心を持ってもらうのは難しいですよね。

清水●そういうところに参加される方は、関心を持っていただいているのでよいのですが、問題は、無関心で来られない方に本当は周知すべきだと思います。

――私が模索した中では、入学準備説明会あたりが一番保護者が全員集まって、話もしやすいんじゃないかと思うんです。

川内●おっしゃるとおりですね。高校では、仮入学の機会などを利用して保護者に、生徒指導や特別活動などの高校生活の基本を担当の教員からお話しすることがあり、携帯電話についても話をする学校があると聞いています。

――全県的な活動としては、今のところないんですよね？

川内●今のところないですが、今後は対応していく必要があると考えています。

――石川県が一番やらなくちゃいけない立場のような気がしますけど。

川内●そうですね。携帯電話の所持率が高い高校生に対しては、そういう方法が効果的だと思いますが、小中学生に対しては、やはり地域の理解と協力も大切ではないかなと思います。本県では野々市町が「小中学生に携帯電話を持たせない運動」に取り組んでいるように、基本的には地域や保護者の方々の気運が大切であり、この条例が子供の携帯電話に関する諸問題について大人が考えるきっかけにもなればと考えています。

インタビュー

石川県野々市町町長　粟貴章氏

「野々市町でできたことが、石川県でできるのか」

石川県の携帯所持規制努力義務の原点を追って、同県石川郡野々市町にたどり着いた。ここは、2003年にはすでに小中学生に対して携帯不所持運動「プロジェクトK」を町ぐるみで展開しており、石川県の条例改正にも大きな影響を与えた町である。

インターネット環境整備法が検討された時には、全国ネットのニュースでもこの運動が報道され、石川県のみならず全国から注目が集まった。運動の主体は、〝ののいちっ子を育てる〟町民会議である。

しかしこの運動の経緯や実態、あるいは野々市町の立地条件などはほとんど報道されておらず、過剰な規制をいち早く実行した田舎町という汚名を着せられることとなった。ここでは少し筆を割いて、野々市町の立地について述べてみたい。

野々市町は巨大都市金沢に隣接、というよりも、金沢市自体が近隣の町村を合併・吸収して肥大化したため、金沢市にめり込むような格好となっている。背後はこれもまた広大な白山市が迫っており、野々市町は2つの市に圧迫されたような状態である。

この土地には、縄文時代の集落遺跡「御経塚遺跡」があり、古代から開けていたことを物語る。鎌倉時代よりこの地の守護となった富樫氏が館を構え、金沢が現在のような行政機能を持つ以前は、このあたりが政治・経済の中心であったという。

町内には山らしい山もなく、潤沢に平地が広がる。町の面積自体はそう広くはないが、2009年には人口が5万人を突破、人口密度は本州日本海側で最大、県集計の推計人口では全国4位となる、過密型ベッドタウンである。

地場産業は特にないが、事業税などの条件が金沢市と比較してよいため、大型店舗や工場の進出が相次いだ。金沢市から合併の話は何度もあるが、すべて断わっている。2011年には、単独市政に移行する予定だという。

JR金沢駅からわずか2駅の野々市駅で降り、タクシーで野々市町役場に向かう道すがら、我々が想像した北陸の田園風景はまったく見えない。広々とした道路の両脇に立ち並ぶ真新しい巨大店舗、ここは北陸の田舎町などではない。

やがて市役所となる野々市町役場で、携帯電話を持たせない運動「プロジェクトK」の経緯と現状を、町長の粟貴章《あわたかあき》氏に伺った。粟氏は2007年より現職で、前市長からプロジェクト

Kのバトンを渡された格好である。またプロジェクトK発足当時から活動を見守ってきた、野々市町住民生活部広報情報課課長補佐の桝谷泰裕氏にも同席願った。（インタビュー収録・2009年11月12日）

●「プロジェクトK」に至る背景

――野々市町に暮らす方々は、どういうプロファイルなのでしょうか？

粟◉今は農家が、ほとんどないですね。多数というと核家族です。共稼ぎ、子供1人2人ぐらいですね。町の平均年齢は39歳前後と若い町なので、保育園、小学生が各一人、子供は放課後習い事に行く感じで。そういった意味では農村ではなく、明らかに都市型ですね。農村が急速に都市化したわけですけど、まだ他に比べれば地域のつながりが残されている土壌は、なんとはなしに残っているかなと。

――携帯不所持運動を行なっている、〝ののいちっ子を育てる〟町民会議についてお伺いしたいのですが。

粟◉もともとはPTA・学校など教育関連の団体プラス、連合町内会という地域自治組織、交通安全会などの地域ボランティア団体などが組織して、子供たちの健全育成の取り組みをやり出したというのが最初ですね。

桝谷◉町民会議は今年で発足22年、携帯電話の活動に関しては2003年からになります。そもそも1987年の発足時にはモーテルが近隣に建ち始め、住民運動に取り組もうというとっかかりがあったんですね。環境浄化ということで、携帯に対する有害情報の取り組みも、必然的な流れの中でやっていたような経緯です。

――2003年にすでに携帯電話に対して取り組みを行なったことは、全国的に大変早いと思うんですけど、何か直接的なきっかけがあったんでしょうか？

桝谷●2000年ごろには、県内ではすでに有害情報によって、援交が事件化したケースがありました。一方1998年頃から我々は、ピンクチラシの撤去や、デリバリーヘルスの問題などを扱っておりまして、そういった情報が街頭チラシからネットのコンテンツに移行してきていたんですね。

また野々市町には金沢工業大学があるんですけど、大学生にとって4月というのは教科書代などを持っていることもあり、お金をたくさん持ち歩いている。そうした時に、大学生がコンビニなどで支払う様子を盗み見し、財布が膨らんでいる場合に店内から携帯電話で連絡し、路上に出た大学生を有職青年のグループのメンバーが襲う、といった犯罪などが出てきました。こういった携帯を使った事件があったもんですから、携帯電話に関して2000年度からは勉強会を始め、2003年度には所持についての運動が本格的に始まりました。

地域の小中学校の先生たちが集まる連絡会議の中でも、中学校の先生から、生徒が携帯電話を持ち始めた、学校の指導だけではどうにも出来ない、という連絡があり、結局親が買うものですから、そこで活動が自然に動いていきました。

当初から持たせない方向と、適正な利用という2つの選択肢があったんですが、当時携帯の所持率は中学生で14%、小学生で5%前後でした。そこでまだ所持率が低いうちに「持たせない」方向で運動を進めようという動きになりました。

一方都市部ではすでに2割から3割に達していましたので、そこまでいくと難しいだろうという判断でした。都市部ではそのころ、既にネットいじめは具体的にありましたし、写真をとって裸の映像を公開したりだとかもありましたからね。

●町民会議と運動の実態

――町民会議と行政との関わりは、具体的にどのようなものなんですか？

桝谷◉行政は事業委託という形で当時120万円、現在100万円の予算を下しています。町民会議の事務局は、町役場の少年育成センター内に置いています。

――この「プロジェクトK」の目的は、最終的には携帯の所持をさせないというところにあるのでしょうか？

粟◉基本的にはそういうことになります。持たせないことを家庭の保護者だけに話をしておいても浸透しないので、町民みんながうちの町は中学生までは携帯を持たなくて良い、という意識を作っていけばという感じです。同時に面積の小さな町ですから、携帯を持たなくても子育ての安全や安心を含めて、支援体制が保たれる状態に取り組んでいます。
——こうした運動の周知の方法は？
桝谷●講座を開くといった活動の他に、中学生に隔年で啓発ポスターと標語を書かせる、看板を作るといったことが中心です。
——保護者の中には、子供の塾通いのために携帯を持たせたいという考えもあるのでは？
粟●この辺りの塾には理解を頂いて、子供の入退出を親の方へメール送信するシステムを導入しているところがほとんどで、子供自体が携帯電話を持たなくても親が子供の状態を把握出来るようにしているんですね。あえて携帯を持たせなくても、塾の対応が追いついてきている。もちろん、これは塾の方の自主的取り組みですけど。
桝谷●自治体からは特に働きかけはなしです。町民会議の活動の方が早く始まっていますけど、3〜4年前からは、塾独自の取り組みで行なっています。
——不所持への取り組みだけでなく、より良い利用、教育への取り組みについてはどのようにお考えですか？
桝谷●携帯電話の教育については、講座などで有害性と同時に、将来のよりよい使い方への説明を中学3年卒業前の子供たちに行なっています。講師はeネットキャラバン▼53の講師の方に来て頂いたりだとか。中学校を回ってね。

53▼eネットキャラバン……総務省、文科省の主導で、保護者、教職員向けにインターネットと携帯電話の安全利用に対する啓発を目的とした、全国に出張講座を行なう事業。現在も活動は続いているが、実施開始が2006年と古く、内容の見直しが必要との指摘もある。

——過去7年間の今までの取り組みの評価については？

栗◉所持率は明らかに低い率を保ってますね。

桝谷◉また非行や補導率が低いというデータが上がってますし、学力は高いですしね。これには、学校の先生が携帯関連の指導をしなくても保護者や地域で賄えていて、学校の負担は減ったことによる効果もあると思います。

——携帯電話所持について、町の中で温度差はあるのでしょうか？

栗◉よそから転入された人が持ち込むというのはあるとは思いますけど、取組み自体は分かってもらっていて、子供に買い与えにくい状況にはなっているかなと。

桝谷◉最近は経済状態が悪化したこともあり、みんなが持っていないなら、あえて月額何千円もかかる携帯電話を小学校から持たせなくても、と思っている親が増えているのも追い風ですね。携帯はみんな持っているから欲しがるものですから、周りが持っていなければ子供もあきらめるんですね。

●いしかわ子ども総合条例改正の影響

——いしかわ子ども総合条例の改正によって、県全体で子供の携帯所持規制努力義務が課せられました。野々市町の運動は、この影響を受けるでしょうか？

栗◉野々市における取り組みは、そもそも条例化を目指して始まったものではなく、石川県全体の動きとは異なった位置づけであると考えています。難しい問題でね、携帯電話と子供の関わりでは、これが一番だというような解決策はなくて、それを模索する必要がある。条例化してそれで良いということではなく、それをきっかけに本質に迫る議論が始まれば一番良いとは思うんだけど。

――他地域からの視察などはどうですか？

粟◉携帯不所持運動の取り組みの視察は、野々市が最も多く受けていると思いますよ。特に国で法律が作られた前後は取材などが大変な状況で、時間制約から断るケースが多々ありましたね。

桝谷◉当時は仕事にならなかったですね。近隣でいうと、能美市は携帯不所持に非常に熱心ですけど、金沢市ではかなり温度が低いですね。今回の条例が施行されても、金沢市で取り組みはどこまでやれるのか、といった感じです。加賀市などはうちがテコ入れして独自の取り組みをしているんですけれど、石川県と金沢市はどう動くかが難しいでしょうね。

粟◉金沢は……大きいですからな。やはり、うちぐらいコンパクトでさっと作って動ける規模だと、すぐ運動が広がっていけるメリットはあります。

桝谷◉昨年6月に1回、町民アンケートをとってみたんですけど、携帯の不所持運動の認知率は、保護者よりも地域の中高年の女性層の方が高い。直接、小中学生の保護者ではない50歳以上の女性の認知率が高いということは、小中学生の保護者と先生より、先に地域の外堀が埋まっているんですね。

逆に問題は、保育園などの子供を持つ世代である30代くらいの若い親たちにどのように啓発していくかが難しい。まだ意識もそんなにないでしょうし、若いうちから携帯電話を持っていた世代ですしね。それに就学前の子供を持つ世帯は、町民会議に参加する前の年齢層であるし、さらにちょうどそのあたりが他地域から越してくる世帯でもありますし。

――規制反対派からの突き上げは？

粟◉携帯事業者の立場からすれば反対に回るのは当然でしょう。ただ我々は、それ以上に携帯電話を取り巻く環境が良くなれば、それで良いんであって。県で条例が出来たからもう終わりというのではなく、お互いに必要な取り組みは続けていかなければならないという方向で受け止めてます。また運動も今までどおりというのではなく、県の条例が出来て、常に現状を見て対応を変えていかないといけない。

桝谷◉実際にNTTドコモから支援金をもらって、モバイル社会研究所▼54から講師をよんで進めた活動もあります。携帯の問題は考えず、学校にネット教育を導入してきた。ここではネットの弊害に、子供を巻き込む可能性という視点がある。ここを考えていくことが大切ですよね。だから絶対持たせないではなく、義務教育の間は持たせないでなんとかやってみませんか、という提案だと思っています。キャリアさんに対しても、持つなとは言っていない、中学生はちょっと待ってよという話であって、別に不買運動をしている訳ではないんです。

――東京を始め全国からみると、「不所持」だけにスポットが当っているようですが、そこは誤解を受けているという感じなんでしょうか？

栗◉持つ、持たないというのがクローズアップされて、辛い部分がありますね。取り組みの方向なり、取り組みの1つでこういう事やってきたということなんで。他にもいろんな取り組みをやってますし、そういうことが紹介されずに不所持という点だけで言われてしまう。そういう面でも、青少年の携帯、情報化社会の中での影と光も含めて、国民の理解がまだしっかりされてないのかなと感じます。

桝谷◉例えば車社会では交通戦争があり、交通安全運動が行なわれてきたことを例に考えると、情報支出はかなり多くなり、携帯社会は急速に進展している一方で、まだ環境整備は発展途上にあるという中で、子供らに待ったをかけたということなんです。

●IT化の流れの中で

――最近、通信機能をもつゲーム端末がありますが、その対応は？

栗◉テレビやゲームというものに関しては、当然そういう心配はしてます。4年前から小学生以下の児童に対しては、第一水曜日にはノーテレビ・ノーゲームデーを設けてるんですよ。

まあゲームは正直言って、いまさら持つなというのもちょっと、あれですけど。ただ使い方によって携帯と同じ使い方が出来る機能を有する物に関しては、携帯であるという認識で。これまで持たせない運動

54▼モバイル社会研究所……NTTドコモが設立した、携帯電話の社会的・文化的影響について調査・研究を行なう研究所。論文発表や調査結果の出版、シンポジウムの開催など、幅広く活動している。

をやってきたから、不所持について保護者が子供に考えてもらいやすいし、話せる術は身につけているかなと思いますね。何もやっていなければ、野放しになるだけですからね。

桝谷●テレビも本格的な双方向デジタルが始まると、一種のデジタル端末になるんですけど、すでに町民の中から講師を読んで勉強会を開こうという取り組みが始まっています。

――ゲームの問題点とは、どこなのでしょう。

粟●第一には通信機能だけれども、ゲームそのものも長時間拘束されることがあると言われてますから、使い方の意識付けをしていくことが必要かなと。オンラインゲームは通信相手もあって、長時間拘束から逃れられないことが多いので、注意が必要ですよ。そんな意識付けも含めて、ノーテレビデーというのもやっているんですけれども。

――ノーテレビデーとは？

粟●いくつかの意味があって、まず家庭の団欒の時間を持ってもらいたい、というのが第一義です。月に1度くらいはそうした時間を持ってほしいという意味も含めて、テレビを消してみる。うちは出来ていないのだが（笑）……。

――娯楽のために長時間を使ってしまうことに対して、警告しているわけですね？

粟●この取り組みによって、いろんなことが見えてきます。家庭のあり方もみんなで考えてもらいたいし、基本的には携帯問題に限らず、親子がしっかり話す機会を持って欲しいという思いがある。家庭の相互理解が大切なんですよね。

——最後に、この携帯不所持の取り組みは、いつまで続けるんでしょうか？

粟◉これまでずっとやってきたことは、継続してやっていきたいなと思いますけど、町民の理解が得られないようになればやめることになるでしょう。でもそうした状態にならないように対応していきたいし、そのために努力していきたい。

桝谷◉そもそも業界団体やＥＭＡさんが機能化されて、安全なネット社会にしてくれれば良いんですけど、現状、そういった社会整備がまだできてないものだから……。また法整備が出来て、自転車のように携帯を持てる時代が来れば、運動としてはいらないだろうという考えですね。

インタビュー

「子供たちと一緒に環境づくりを」

石川県野々市町　保護者

携帯不所持運動を成功させた野々市町は、立地条件といい地域性といい、かなり特殊な地域である。運動の実態や成果については、本当にメディアに伝えられているような実態なのだろうか。

我々は実際に野々市町に住む保護者の方にお話を伺うべく準備を進めていたが、不思議なことに取材スタッフが手配した保護者の方が3名とも、前日になって突然取材キャンセルという連絡が入った。

筆者がTwitterで野々市町在住の保護者の方を募集したところ、幸いなことに1名の方がインタビューに答えてくださるという。野々市町役場の一室をお借りして、野々市町で展開する携帯不所持運動の実態と地域事情などについて、お話を伺うことができた。

仮にお名前をK氏としておこう。金沢市を中心にIT関連の仕事をされており、野々市町に住んで20年近くになるという。大学生、高校生、中学生の3人のお子さんをお持ちで、全員野々市町で育っている。6年前に始まった小中学生への携帯不所持運動の影響を受けたのは、現在高校生のお子さんから、ということになる。（インタビュー収録・2009年11月12日）

●野々市町の生活環境

――高校生のお子さんは金沢市内の高校に通われているそうですが。

K氏◉長男も同じ高校なんですけど、次男も進学のことも考えて金沢市内の高校を希望しました。中学校を卒業して野々市町の高校（明倫高校）に行く人も多いんですけど、ランク的というと、中ぐらいになる感じですね。

――お子さんは電車で高校まで通ってらっしゃるんですか？

K氏●自転車ですね。公共の交通機関を使うと、一旦金沢まで出てまた戻らないといけなくなりますし。雨が降っていれば、私が一緒に車に乗っけていくこともありますね、私も仕事がそっち方面が多いので。帰りは遅いので、迎えに行ったりします。

——そうするとやはり、送り迎えの連絡なんかでは、携帯が必要になりますよね。

K氏●子供が高校生ぐらいになると行動範囲も広いので、携帯電話がないと困りますね。中学生の間で携帯が必要ないのは、生活圏が野々市だけで完結してしまうということがありますね。

——高校生になったら自動的に携帯を、といった感じなんですかね。

K氏●どうしても必要になってくるので、親の側から「携帯を」と言いましたし、それが地域では暗黙の了解のようにはなってますね。やっぱり公共交通機関というのがあまり利用できないし、部活などで遅くなったりするんで、迎えにいったりするために必要がありますし。

——野々市町の主な交通手段は車ですか？

K氏●車がないとやっていけないですね。うちも仕方がなく、2台ありますし、通勤も車です。駅周辺の方とかは、金沢市内に電車に通う人もいます。学生も多いですし、朝はそれなりに電車も混みます。

——野々市町の子供たちが遊びに行く時、どこに遊びに行くんですか？　町内に繁華街のようなところはありますか？

K氏●繁華街と言えるようなところは特にないですね。御経塚《おきょうづか》というところに大きなショッピ

JR 北陸本線野々市駅

ングセンターが一つありますけど、後は町役場近辺に店舗が増えてきてます。元々の役場があった本町には、ほとんどお店はなくなってきてます。子供たちがたまるような所と言えば、すぐ近くが金沢市なので、そこまで行けばいろいろあるでしょう。ただゲームセンターなどには、小中学生は出入り禁止ということになっています。うちの子供たちですと、友達同士の家に行ったり来たりとかですかね。中には、金沢の方へ遊びにいく子もいるかもしれませんが。

●持たせない運動の実態

――〝ののいちっ子を育てる〟町民会議の活動は、どれぐらい知られているんでしょう？

K氏◉町内の人は大体、町民会議の存在自体は知っていると思います。私も存在自体は知っていましたけど、ネットで検索してみて不所持運動の詳しいことを知ったという感じですかね。もちろん、子供たちが学校からプリントを持ってきたり、携帯についての講演などもありますし、そういった知らせは見て来てはいるんですけれども。私に関しては、あまり意識してこなかったですね。

——6年前から携帯電話不所持運動が始まったわけですが、お子さんは何かおっしゃってますか？

K氏●大学生の子は、特に何も意識はしていなかったということでした。不所持運動で携帯電話を持たせていないわけではなく、そのころ、本人たちが必要としていなかったですね。昨日か一昨日か、一番下の子と同じ中学校の、3年生のお子さんを持つお母さんに話しを聞いたんですけど、中3ぐらいになると、実際には子供たちの半分ぐらいは携帯電話を持っていると言ってました。不所持運動については、そのお母さん自身も、携帯電話を持たせるのならばきちんとリスクを説明する必要があるというので、評価しているということでした。

——町役場の方や町長さんは、中学生の所持率も低いとおっしゃいますけども。

K氏●おそらく学校とかには公にしていないだけなんでしょうね。でも子供たちの間では知っているし、それなりに必要だから持っているんですよね。塾とかは終わる時間が遅いですからね。

——今中学生のお子さんも、周囲の子の所持率が5割近くなったら欲しいと言うでしょうか？

K氏●うーん、どうでしょうかね。野々市ではまだ普段の生活で、中学生に携帯が必要にならないですし。うちは仕事柄もあって、家に供用のパソコンが2台あります。

中学生の子に「携帯電話がいるか」と聞いても、パソコンのメールがあるし、パソコンでブログも書いてますので、「別にいいよ」という感じですね。上の2人の子も、中学校の時に携帯電話がほしいとは全く言いませんでした。このあたりは、家庭の状況によっておそらく違ってくるとは思いますが。

――町としては、地域全体で子供を見ていくんだという方向性があるようですけど、PTAとして協力を要請されたことは？

K氏◉町全体の動きとは別で、小学校の子供会では朝、通学路に立ったりですとか、お祭りの時に神輿の後をついていったりとかしましたけど、町からの要請というのは特にないですね。

――町役場のお話を伺うと、持たせないという教育よりもリテラシー教育の方を強化されている印象を受けたんですけど。

K氏◉子供たちからそういった話は特に聞かないですね。プリントを持ち帰って来て、親に対しての講演などの告知などは見たりしますが、リテラシーに力を入れているかというと、そういう感覚もないですね。このお話を頂いてからネットで調べたところ、インストラクターの講習などをやられたりとかしたみたいです。取り組みとして良い悪いは別にして、そういう機会があるのは良いことだと思っています。

町役場前に掲げられた看板

●条例の影響

――町役場の前に「危険がいっぱい！子どものケイタイ」という看板が立ってましたけど、町民の方はやはり携帯は悪だと思っているんですかね？

K氏◉大方の人たちはおそらく、悪いイメージを持たれている訳ですよね。しかしどうなんでしょうね？　親御さんはそこまで思っていないと思ってます。

――石川県の条例による所持規制については野々市が震源地のような扱いになっているんですけど、どうお感じですか？

K氏◉それほどでもないのに、というのにという感じですね。この前話したお母さんは、自分が携帯電話について分からないので、取り組みの一貫としていろいろ教えてもらえるので安心だとは言ってました。私は、条例で規制するというのはあまり納得できないというか、違和感を持っているというか。学校でも本当の意味でのリテラシー教育はやっていない気がしますし。

――県の条例は、野々市町の保護者から見てどのようにお感じになりますか？

K氏◉条例は子供たちのことを思ってのこと、というのは重々承知なのですが、残念ながら「持たせない」の背後に、子供を信頼しない、見くびっている、という気がしてならないのです。「あなたたちには危なくて使いこなせない、親もどうせわかっちゃいないから、あなたたちを守ってあげるんだ」というような……。保護者の中にもそういう考えの方がいて、中学3年生の娘さんがいるお母さんが「小中学生に指導の徹底と正しい判断力を求めるのは難しい」と言っていました。しかし、「だから持たせない」で済ませてしまうのは、大人の怠慢だと思います。携帯の負の側面を強調し、持たせないですまして、純粋培養して放り出される方が危ないのですから。子供たちの能力を見くびらないで、一緒に良い環境を作って行きたいものです。

――中学生のお子さんが欲しいと言えば、持たせますか？

K氏◉理由さえ納得できれば別に良いんで。ただ家族5人分の携帯電話料金を支払うとなると経済的には苦しいので……（笑）。納得する理由があれば持たせる、我慢できるものであれば我慢してね、という感じですかね。

ケータイ活用に舵を切り始めた日本PTA

●情報弱者になる前に

２０１０年11月11日、社団法人日本ＰＴＡ全国協議会 近畿ブロック研究大会・特別分科会「子どものネットとケータイを考える」が、姫路市の兵庫県武道館で行なわれた。筆者はこの模様のUstream中継を頼まれたので、機材一式を背負って出かけていった。

これまで、我々ＭＩＡＵや安心ネットづくり促進協議会（以下安心ネット）では、子供へのケータイリテラシー啓蒙の重要性を説いてきた。学校は文科省の後押しもあって、教育を行なうことに関してだいぶ前向きになってきているが、保護者の意識はまだまだ全然低い。２００９年も安心ネットで地方の保護者向けシンポジウムをかなりやってきたが、６００人の会場で観客が30人とか、惨憺たる有様であった。

しかし今回の特別分科会は、ＰＴＡ側からケータイをテーマでやろう、と動いてきた。これはかなり画期的な話である。仕掛けたのは日本ＰＴＡ全国協議会前会長、現顧問の曽我邦彦氏だ。

日本PTAは全国的な組織だが、必ずしも一枚岩ではない。地域によってケータイへの見方もかなり違っており、子供のケータイ所持に対していまだ抵抗感を示す地域も少なからずある。さらに近畿地方というのは、必ずしもIT教育に関して環境整備が進んでいる地域ではない。日経パソコンの全国市区町村公立学校情報化ランキングのまとめによれば、公立の小中高のうち評価項目「インフラ整備」と「教員指導力」において、下位5位のうちに近畿地方の県が必ず入っている。大阪という大都市圏でありながら、イメージと実態のギャップがかなり大きいように思える。

その中で、今回の特別分科会は行なわれた。シンポジウムの模様は、安心ネットのUstreamページからご覧いただける。

●公立学校情報化ランキング・都道府県ランキングの上位と下位

小学校（上位）				
順位	自治体名	総合	インフラ整備	教員指導力
1	岐阜県	74.4%	82.1%	66.6%
2	広島県	74.3%	71.0%	77.6%
3	山梨県	74.1%	79.4%	68.8%
4	三重県	74.0%	65.4%	82.6%
5	岡山県	73.7%	78.6%	68.8%

小学校（下位）				
順位	自治体名	総合	インフラ整備	教員指導力
47	青森県	52.0%	43.9%	60.0%
46	大阪府	55.6%	50.6%	60.5%
45	千葉県	57.9%	54.8%	61.1%
44	山形県	58.1%	52.9%	63.3%
43	奈良県	58.7%	55.2%	62.3%

中学校（上位）				
順位	自治体名	総合	インフラ整備	教員指導力
1	岐阜県	77.4%	87.2%	67.7%
2	京都府	74.7%	70.3%	79.1%
3	山梨県	74.7%	82.1%	67.2%
4	群馬県	72.8%	80.4%	65.2%
5	茨城県	72.3%	65.9%	78.6%

中学校（下位）				
順位	自治体名	総合	インフラ整備	教員指導力
47	青森県	52.0%	48.0%	56.1%
46	大阪府	52.2%	51.7%	52.7%
45	山形県	57.4%	53.9%	60.9%
44	千葉県	57.6%	57.5%	57.8%
43	奈良県	58.7%	61.2%	56.2%

高等学校（上位）				
順位	自治体名	総合	インフラ整備	教員指導力
1	茨城県	90.3%	91.8%	88.9%
2	三重県	89.2%	93.8%	84.6%
3	岩手県	88.4%	87.1%	89.6%
4	山口県	85.4%	99.8%	71.1%
5	岐阜県	85.1%	99.8%	70.5%

高等学校（下位）				
順位	自治体名	総合	インフラ整備	教員指導力
47	宮崎県	59.2%	60.9%	57.5%
46	栃木県	62.6%	58.5%	66.6%
45	滋賀県	64.5%	70.7%	58.2%
44	広島県	65.0%	68.3%	61.6%
43	鹿児島県	65.8%	63.5%	68.0%

出典：日経パソコン「全国市町村公立学校情報化ランキング 2010」

●もはや「ケータイが問題」の考えは古い

シンポジウムの中で語られたのは、もはやケータイとネットによって社会の姿が変わってしまった、それに子供たちを適応させる必要がある、ということである。しかしいきなりフルスロットルのケータイをポンと渡すというのはダメで、段階を付けて指導するべきことが、改めて確認された。

ケータイでは、キャリア側のフィルタリング導入により、子供たちをだまして男子からは金を、女子からは体を奪う悪質なサイトに対してのアクセス制限ができる。PCにフィルタリングソフトを導入しても同様だ。今ネットにアクセスできる端末は、PCとケータイが筆頭にあげられるが、この事情は間もなく変わってくる可能性もある。例えば地デジ対応テレビやHDDレコーダー、電子書籍端末、あるいはiPadのようなタブレット製品が、家庭内においてはネットアクセスの主流になるかもしれない。

これはスマートフォンにも言えることだが、Wi-Fiによる接続が可能な端末では、ケータイキャリアを介さずにネットにアクセスしていくので、仕組みによってはキャリアによるフィルタリングが無効になる可能性がある。さらに家族全員が交代で使うようなケースがある端末は、PCのようなマルチアカウント機能を持たないものも多い。したがって、大人が便利なように抜け穴を作っていると、子供に破られる可能性がある。

先日も筆者のiPadを小学生の娘がいつの間にか使っているので、びっくりしたことがある。

筆者の監視下で使わせるためにパスワードは教えていなかったのだが、自転車の鍵の暗証番号と似ていたため、そこから想像して開けてしまったようだ。恥ずかしながら筆者が子供にパスワードを破られるという失態を演じたわけだが、子供の想像力というか連想力というのに驚いた。

このようなヘタレな状態でネットが全開にされることに比べたら、各個人で持つケータイをフィルタリングして使わせる方が、まだ管理がしやすい。子供がいる家庭でのAV機器ネット接続については、この先早急に議論し、対策を考えていく必要があるだろう。

規制か教育か、今すぐ対応が求められる〝ケータイ以外〟

●携帯ゲーム機で逮捕

38ページで、どうせ持たせるならケータイが一番マシという話を書いたが、それを実証するような事件が起こった。

2011年2月6日、2ちゃんねるの「自称古参にありがちなこと」というスレッドで、「2011年2月11日午後21時ピッタリに新宿駅で3人組で通り魔を起こす。死にたくない人はゲームに参加しないことだな!!」という無差別殺人を予告する書き込みがあった。報道によれば、当日警視庁は約80人体制で警戒、約500人のヤジウマが集まったとされるが、騒ぎはなかった。

翌12日、警視庁は横浜市の中学3年の少年（15歳）を威力業務妨害容疑で逮捕したと発表した。書き込みでは29歳、27歳、30歳の男3人組を名乗っていたが、ふたを開けてみれば中学生1人のいたずらである。青少年の威力業務妨害の多くは、身柄を拘束しないで書類送検される例が多いが、この少年は大阪行き深夜バスのチケットを持っていたことから、逃亡の可能性ありとして逮捕されたのだろう。

少年は、川崎市内の電器店で自分の「ニンテンドーDSi」▼55を接続しているところを発見され、逮捕されている。

類似のネット書き込み事件は、秋葉原無差別殺傷事件が起こった2008年に多発しており、今回と似たような例としては、2008年6月24日に携帯ゲーム機を使って他人の家の無線LANに接続し、「明日、東京の開成中学に討ち入りに行く」などと書き込んだとして、長野県の高校1年生が逮捕されている。このときのゲーム機が具体的に何だったかは報道されていないが、ネットに接続できる携帯ゲーム機で高校生が持つのものといえば、当時はニンテンドーDSシリーズかPSP▼56ぐらいしかないので、おそらくどちらかだろう。

2008年には模倣書き込みで大人も子供も大

● 2008年にネット書き込みによって逮捕された例

日付	場所	年齢	事件
3月7日	福岡県	小学6年	「3月3日（月）15時に福岡県内の小学生を殺してみる」というスレッドを作成。「警察に通報しても意味ないよ」などと書き込み業務妨害したとして通告。
3月12日	兵庫県	高校2年	自宅のパソコンから「神戸市内の私立高校とその周りの小中学校にテロをします」などと書き込み脅迫容疑で逮捕。
3月21日	和歌山県	中学3年	「和歌山市の○○中学1年生の佐藤さんを3月5日に殺します」と書き込み、軽犯罪法違反（業務妨害）で書類送検。
4月21日	秋田県	無職・42歳	携帯電話販売店のお試し電話から「東京都新宿区の小学校に通う児童を無差別に殺害する」と書き込んだとして逮捕。
6月18日	大分県 千葉県	高校3年 高校2年	和歌山市の中学生に「殺します」などと書き込ませ業務を妨害した疑いで書類送検。
6月24日	長野県	高校1年	携帯ゲーム機から他人の無線LANを介して「明日、東京の開成中学に討ち入りに行く。 午前9時半に刺殺する」と書き込み、威力業務妨害で逮捕。
7月14日	東京都	無職・32歳	「今日の午後9時に、埼京線の上野駅で人を殺しまくります!」と書き込み、偽計業務妨害で逮捕 。
7月16日	千葉県	無職・23歳	「明日午前11時に丹後小学校で小女子を焼き殺す」「おいしくいただいちゃいます」と書き込み、威力業務妨害で逮捕。

量に逮捕されているが、それがある意味見せしめ効果となり、翌年には減少した。3年が経過してまたこの事件の模倣が起こったということは、3年という時間がありながら、ネットリテラシー教育が十分に行なわれていなかったと考えていいだろう。ケータイを持たせる持たせないなどと議論している暇があったら、とっとと教育に着手すべきだったのだ。

●この事件が指し示す課題

この逮捕報道を読んで、疑問に思ったのが、電器店ではそんなに無線LAN回線をフル解放しているのか？という点であった。Twitterでこの疑問をぶつけてみたところ、興味深い答えがいくつか返ってきた。

・パスワードを店番号に設定しているところがある
・管理は各店舗に任されているので、フル解放している店もある
・イー・モバイル▼57などのモバイルWi-Fiルーターのデモ機を利用する
・ニンテンドーWi-Fiステーション▼58を利用する

55▼**ニンテンドーDSi**……任天堂が開発、販売しているポータブルゲーム機。前モデルのニンテンドーDSからインターネット接続機能が強化され、複数の設定項目が保存できるようになった。内蔵ブラウザーも改良され、より高速にインターネットが利用できる。

56▼**PSP**……ソニーが開発・販売しているポータブルゲーム機で、プレイステーション・ポータブルの略。2004年発売の初号機から無線LAN接続機能を持っている。

57▼**イー・モバイル**……2007年にサービスを開始した、データ通信を主とした携帯回線事業者。廉価なパソコンと組み合わせて通信端末を販売するなど、量販店を中心にアグレッシブな販売戦略を展開している。

58▼**ニンテンドーWi-Fiステーション**……任天堂が提供するインターネット上のサービスへのアクセスを提供するため、店頭に設置されているインターネット接続ポイント。家電量販店だけでなく、大手スーパーチェーンにも設置されているところがある。

特に今回はニンテンドーDSiであったことから、ニンテンドーWi-Fiステーションの線はありそうだ。ウェブブラウザ（ニンテンドーDSiブラウザー）は2009年秋以降出荷のDSiには標準で内蔵されているほか、ネット上のDSiショップから無料でダウンロードできるという。標準ではフィルタリングはされておらず、フィルタリング機能を利用するには別途「i-フィルター for ニンテンドーDSiブラウザー」を月額315円払って導入しなければならない。

このDSi版「i-フィルター」は、親がDSi本体を使って契約し、ブラウザに対してプロキシ設定を行なうことで動作する。しかし、そこまでやれる親がどれだけいるだろうか。おそらくゲームメーカーもケータイキャリアと同じように、フィルタリング無償提供、デフォルト設定オンという論調に巻き込まれるのは避けられないだろう。

また電器店のネット回線をフィルタリングすべき、という意見もある。もちろんこれらのことが自主努力によって行なわれるのなら結構だが、制度化、法律化することに関しては、結局各地の青少年健全育成条例改正議論や青少年ネット規制法と同じ議論の繰り返しだ。それよりも先に、子供への教育があるべきだ。なぜならばネットリテラシー教育ならば、ケータイだゲーム機だパソコンだと個別対応する必要がなく、人のスキルとして身に付くからである。

実は2008年に多発したネットの書き込みによる逮捕・補導事例は、教育に役立てられるよう特徴的な事件のみをピックアップして、MIAUのネットリテラシー読本のパワーポイント版セクション1に表組みとして収録している。そもそもセクション1のPDF版は、秋葉原無差別殺傷事件のすぐあと、2008年9月にはすでに無償公開している。教材はとっくにあったのだ。

しかし今回の事件は防げなかった。それはMIAUというネットの組織の特性として、すでにネットに明るい大人・教育関係者には浸透してきたが、本当にネットリテラシー教育が必要な親・教員層にリーチできていないという弱点があるからである。これをカバーすべく、筆者があちこちのイベントや学校に出かけて講演をしているが、残念ながら1人での活動では草の根もいいところだ。ぜひネットに明るい人たちがリアル社会の現場で、MIAUの教材のことを広めてほしい。

コミュニティサイトの出会いの実態

●警察庁調査に見る、コミュニティサイト児童被害の傾向と対策

２０１０年10月28日に、警察庁が「非出会い系サイトに起因する児童被害の事犯に係る調査分析について」という資料を公開した。いわゆる「出会い系サイト」には厳しい規制が課せられることになった結果、児童被害の割合は減少してきた。その代わりに、「非出会い系」と分類されるＳＮＳやコミュニティサイトでの被害事例が増加している。今回の資料は、この非出会い系サイトでの被害者と被疑者の傾向を分析したものである。

概要を簡単にまとめると、まず実際に福祉犯罪被害にあった児童の９割が、ケータイのフィルタリングに加入していなかった。しかしこれをそのままひっくり返して、フィルタリングさえしていれば被害に遭わないという単純な構図ではないだろう。

１つ考えられる仮説としては、ケータイにフィルタリングを導入するぐらい、あるいは簡単にフィルタリングを解除させないぐらいの知識を持ち、子供のケータイ利用に関心を抱いている保護者の元では、福祉犯罪被害に遭う子供は少ない、と言えるかもしれない。

その裏付けとして、「3その他」の〈親による指導状況〉という項目に注目してみよう。ケータイの利用に関して「注意を受けたことはない、放任」が60％、そのほかサイト利用を親に話していない、ゲームサイトだと親に話していたなどを含めると、77％の被害児童の保護者は、子供のケータイ利用に関して関心がなかったという事実がある。

もう1つ、4のグラフ「被疑者と会った理由」について、「相談に乗ってくれる人、優しい人だから」が回答のトップで、21・7％となっている。わずかではあるが、2位の「お金、品物を得るため」を上回っているところも、余計にこの問題の深刻さを物語る。

つまり、被害者は保護者から放任され、話を聴いてくれる相手も十分にいない状況でSNSサイトを訪れ、被害にあったというシナリオも考えられるわけである。孤独を埋める先としてのSNSのあり方というのは、ネット利用の1つの光の面ではあるのだが、そのすぐ裏側に影があることに子供たちが気付けないケースも多い。SNS側もパトロールの強化など、子供がダークサイドに落ちないよう取り組みを行なっているが、このデータを見ると、被害にあった原因のほとんどは親の無関心だ。ここを引き上げる努力が、もっとも緊急に行なわなければならない課題であろう。

●ミニメールの監視と今後の課題

もう少し資料に沿って分析を続けよう。被害者と被疑者の直接的なアプローチは、SNS内

被疑者の
ミニメール利用状況
（n=651）

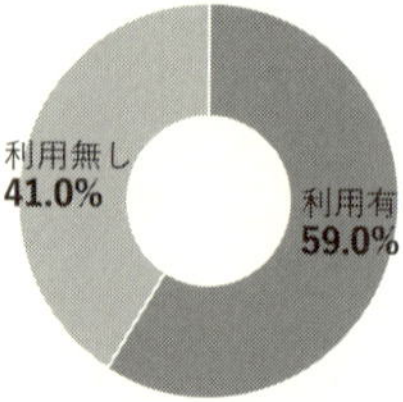

ミニメールから
直接メールへの移行状況
（n=381）

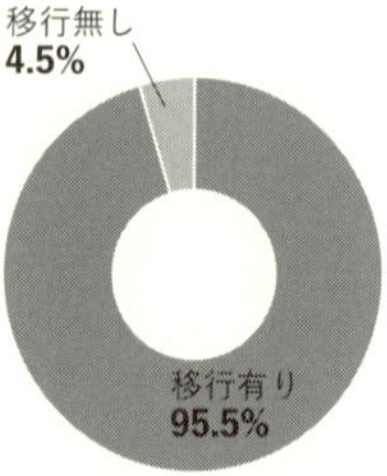

直接メールアドレス
等の連絡方法
（n=351）

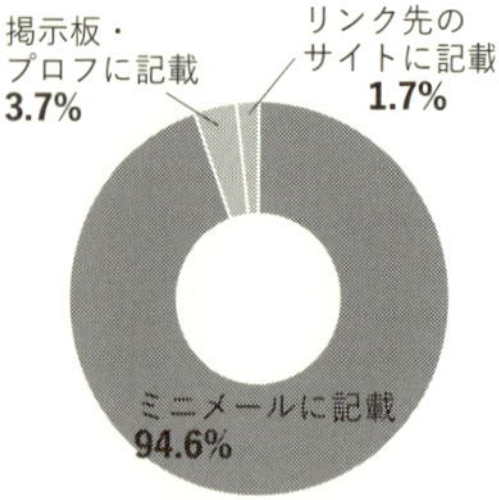

被疑者のプロフィール
詐称状況
（n=468）

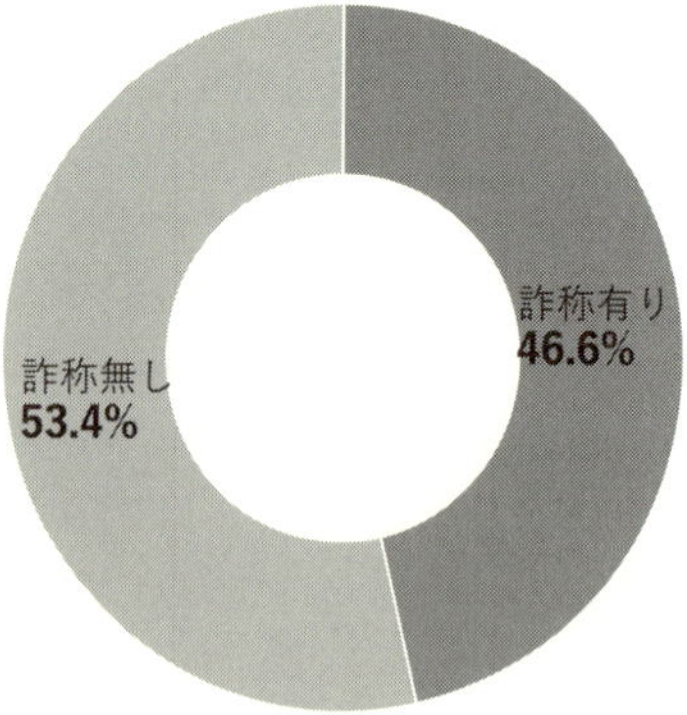

詐称内容
（n=218）

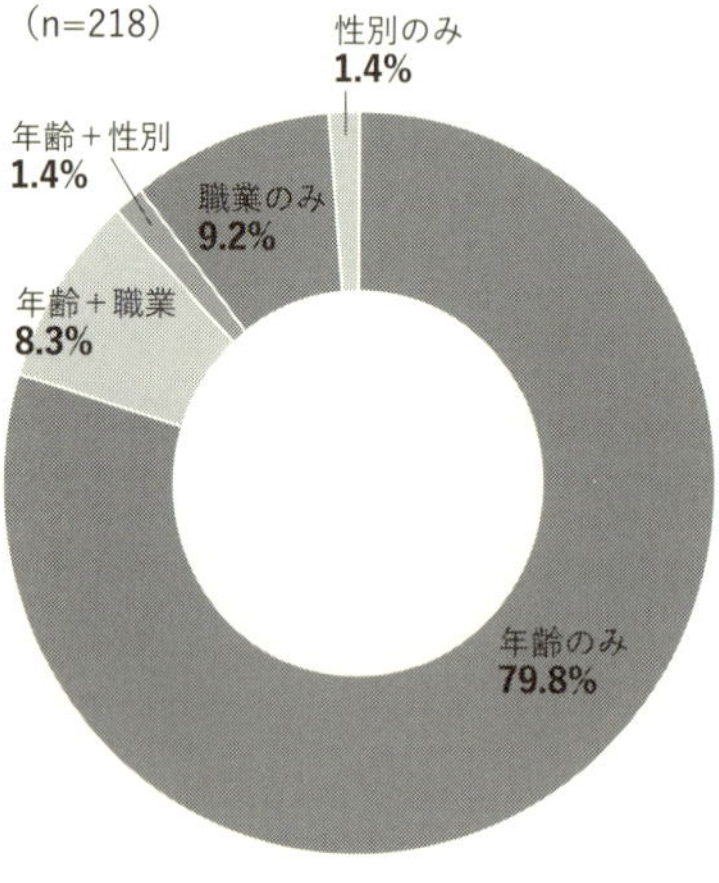

出典：警察庁「非出会い系サイトに起因する児童被害の事犯に係る調査分析について」

●非出会い系サイトの利用状況について

親による指導状況
(n=486)

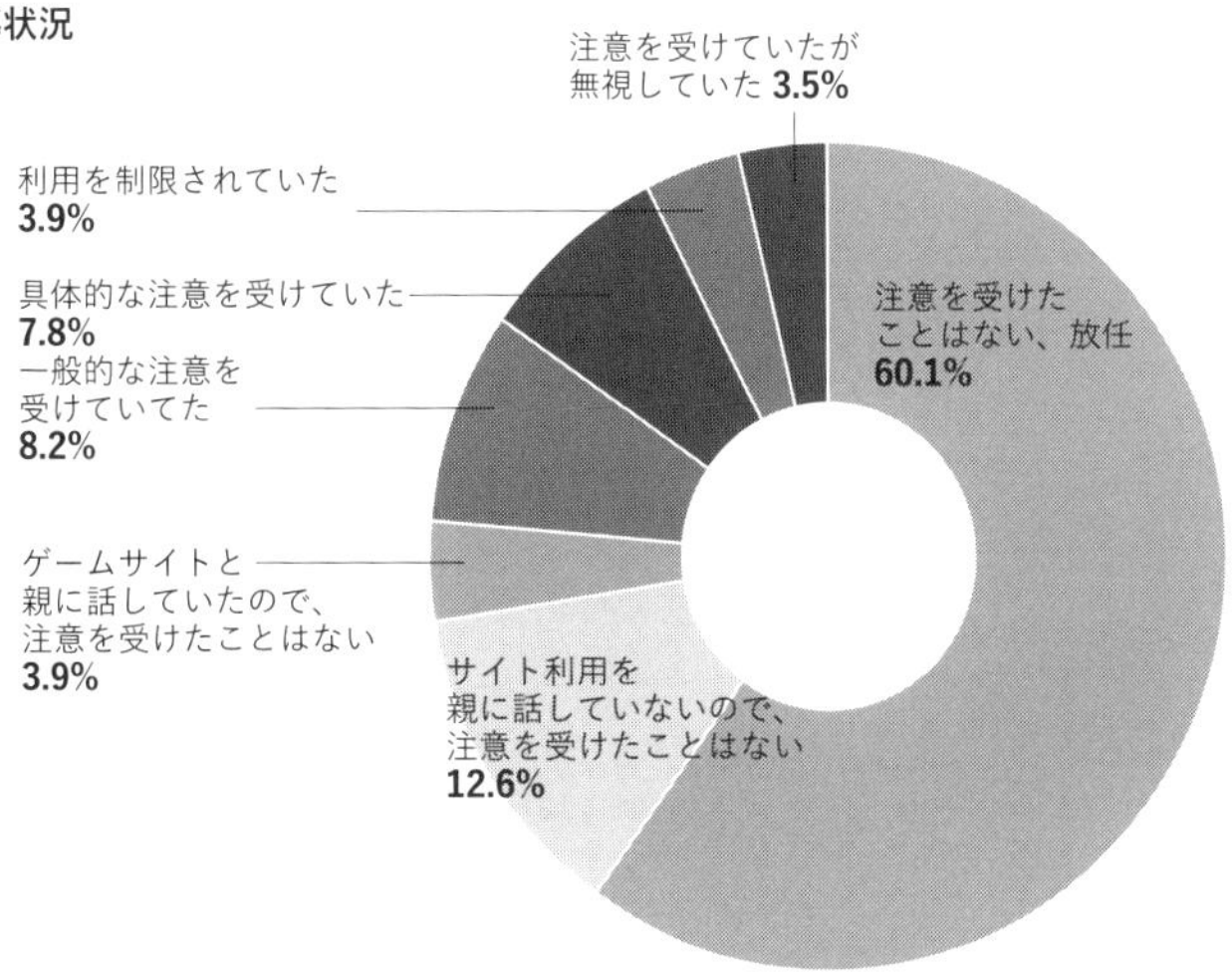

被疑者と会った理由
(n=687)

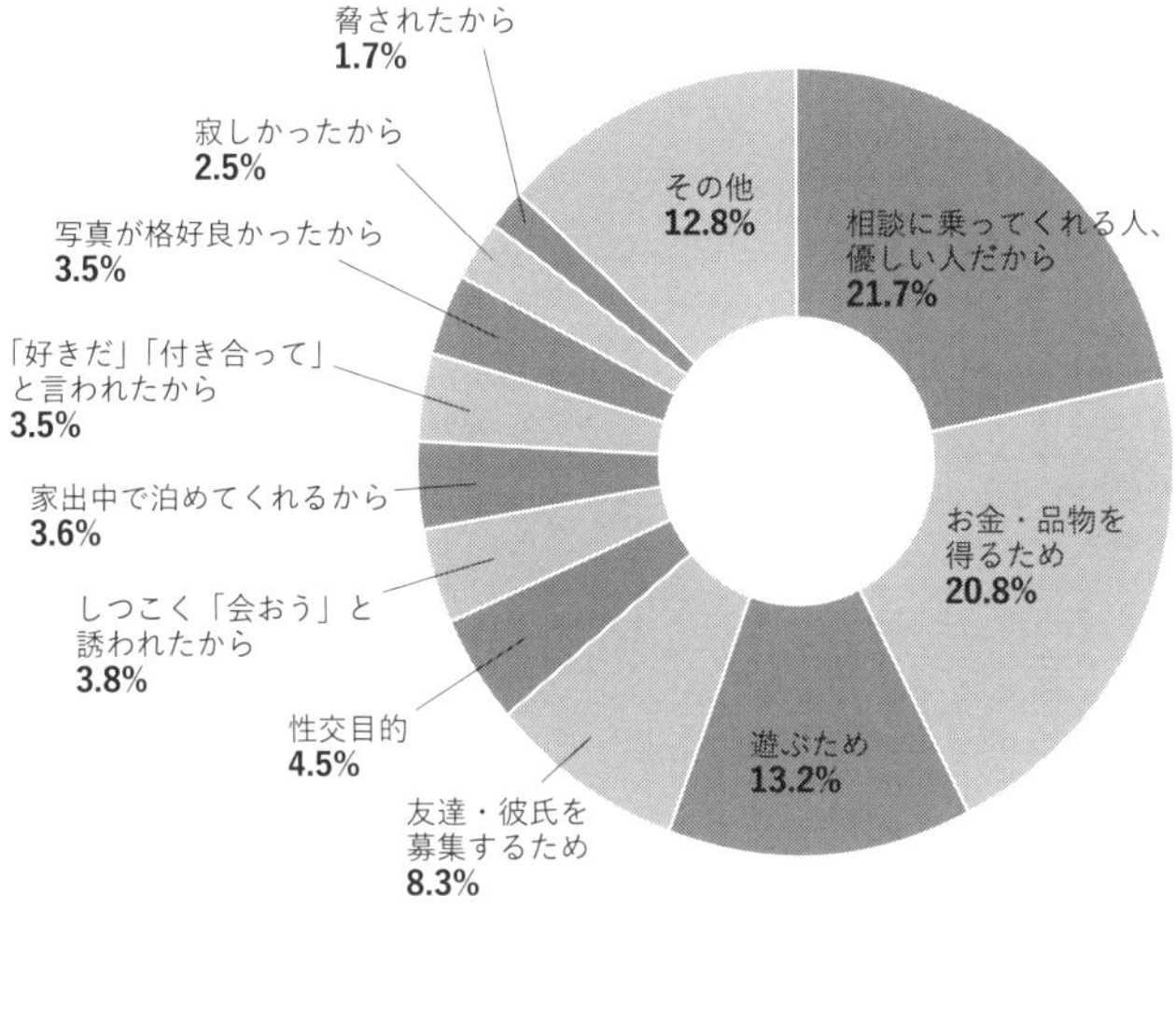

の機能である「ミニメール」で行なわれる。これを受けて業界では、すでに春頃から法的規制の前に自主規制として、ミニメールの監視を始めている。安心ネットづくり促進協議会内のコミュニティサイト検証作業部会での議論では、ミニメールといえども私信に当たるので、「通信の秘密」の原則に反するのではないかという意見もあった。しかしミニメールは、サイト登録者同士でしかやりとりできず、サイト内の独自機能と見なせることや、送信前に監視されている旨の注意を出す、ルールの変更を会員に徹底周知するなどの方法をとることにより、監視に踏み切った。

筆者は同作業部会内で「メール」という単語が入るサービスでありながら監視されるという違和感や矛盾を無くすために、現状の「ミニメール」というサービス名称ではなく、メールという言葉を含まないサービス名に変更してはどうか、という提案をした。これは大事なポイントだと思うのだが、そこまでは必要ないと判断されたのか、いまだミニメールというサービス名で継続しているようである。

さて警察庁発表資料の「被疑者のミニメール利用状況」を見ると、96・5%の被疑者がミニメールから一般のメールへと移行した上で、児童を誘い出しているのが分かる。さらに一般のメールのアドレスは、ミニメールを使って伝えられている。ミニメールの監視についてはまだ始まったばかりであること、調査が2010年上半期までであることから、まだ抑止効果が現われていないということだろう。

先行する取り組みとして、未成年者と犯罪者を結びつけないよう、すでに多くのＳＮＳのミニメールは未成年者に対してある種の年齢制限を付けている。例えばモバゲーの場合は、18歳未満の利用者に対しては、年齢が３歳以上離れているユーザーとミニメールができない仕組みを早くから導入している。

しかしこれの前提は、利用者が正しく年齢をサイトに登録している場合である。資料のグラフによれば、被疑者側のプロフィール詐称が46・６％と約半数近く、その内訳は、年齢に注目すると合計で89・５％に上る。かけ算すると、被疑者全体の約41％ぐらいは、未成年者に接触するために子供だと称してサイトを利用していることになる。

年齢詐称というと、通常は子供が大人のふりをすることを想像しがちだが、この場合は大人が子供のふりをして接触しているわけである。今後は大人の年齢確認を強化する必要であるという課題も、この資料から伺い知ることができる。

第4章●

震災時の
ケータイの可能性

震災でわかったネットのポジション

●災害情報はテレビからケータイへ

今回の東北・関東を巻き込んだ東北関東大震災では、ネットの役割というのものが試されたと言っていい。従来地震と言えばＮＨＫをまずつけるというのが習慣となっている人も少なくないが、多くの人はテレビよりもネットへ群がった。

津波の被害に遭わなかった場所でも、地震でテレビが倒れ、壊れたというところも多いだろう。テレビの薄型化により、以前のブラウン管型よりも前後に倒れやすくなっているのだ。さらに電気が途絶えてしまっては、もう役に立たない。バッテリーで動くケータイを使って、一刻も早く情報を取りたいという動きに直結する。

２００４年に起こった新潟県中越地震の際には、携帯電話が一斉に不通となり、多くの人が公衆電話に列を作った。当時はまだ、ケータイを使ってネットから情報を取るという時代ではなかったため、多くの人がケータイに求めたのは、通話による家族との連絡であった。

そして２０１１年現在、公衆電話はほとんど街角から姿を消している。だが幸いなことに昨今のケータイは、スマートフォンでなくても無線LANに接続できるものが多くなっている。携帯電話網とWi-Fiによるインターネット接続、さらにテレビはワンセグ受信と、どれかが生きていれば情報を得ることができる。震災直後、多くの人たちはケータイを片手に家を飛び出したし、最悪の事態をまぬがれた人たちは、ケータイ充電器に列を作った。

災害報道においては、テレビ放送が一番早く機能復帰する。今回の震災では、Ustreamやニコニコ生放送で、自主的にテレビ報道をネットに流す人たちが現われた。NHK広報が非公式にではあるが、Twitterでこれらの再送信を容認、その日のうちに公式に許諾した。民放もそれに続き、複数の放送がネットで確認できるようになった。またテレビからの情報をTwitterなどのソーシャルネットワークに書き起こすことで、テレビ発の情報がネットに流れ出した。

首都圏では最初の地震の後に交通網が麻痺し、多くの人がどこにも行けない状況で路上に放り出された。そんな状況でも電話網やWi-Fi網が生きていれば、ネットを通じてテレビ発による情報が得られるメリットは大きかった。大震災という抗いがたい事件をきっかけに、放送と通信の融合した姿が、なし崩し的に実現した瞬間であった。

●しかしテレビはやがて飽きる

福島第一原子力発電所の冷却や放射性物質拡散もまだ予断を許さない状況では、テレビは興味を持って震災の情報を伝える。しかしやがて、これらの報道は引き上げてしまう。中越地震の時は、仮設住宅ができて多くの人がそこに引っ越しを始めたぐらいのタイミングで、「飽きた」のだ。

これ以上人の生き死にがあるわけでもなく、絵柄が地味ということもあるだろう。これはテレビ局が飽きたというよりも、国民が飽きるのだ。「もういいよわかったわかった、あとはがんばれ」というわけで、視聴率が下がって来た時点で終了だ。テレビとはそういう宿命のものである。

しかしテレビから情報が消えたからといって、被災者が居なくなったわけではない。見えなくなっただけだ。被災者がその後に必要となる情報は、これまでとは質が変わってくる。国レベルの全体像ではなく、例えば水道はどこまで復旧したか、道路状況はどうか、自衛隊の拠点でお風呂に入れるのは何曜日か、子供の精神的なケアをどうすべきか、そういう日々の細かい情報が必要になる。

また家の修理で法外な費用を請求されたり、保険金を狙う詐欺も発生することだろう。これらのことにも事細かに注意を喚起し、被害の拡大を食い止めなければならない。そのような情報投下は自治体がとりまとめて行なうことになるが、それらの伝達を5年10年単位で続けるのは、テレビにはムリである。

テレビは、ただつけてさえいれば次々と情報が降ってくる。しかし細かい情報になればなるほど、自分にとって必要な情報に巡り会う確率が低く、時間効率が悪くなるという特性を持っている。したがって細かい情報は、必要なときに自分で取りに行けるネットのほうが確実である。

問題は、それらのことをやるのに、テレビをつけてチャンネルを選ぶように簡単にはいかないという点だ。お年寄りがPCや小さなケータイをいじってそれらの情報にアクセスしている姿など、まず想像できない。それよりある程度設定済みのiPadやAndroidのタブレット端末のほうが、役に立つのではないか。汎用機としてではなく、専用機として機能を限定すれば、すぐに使い方はマスターできるだろう。

ネットの役割とは、テレビのように1つの形やあり方にこだわらない、柔軟性のある情報提供である。そしてその情報の発信源・伝達ルートにみんながなれ、その情報の精査もみんなでやれるというところに、大きな意義がある。もちろんそこに、意図的な悪意が混入しないという前提での話だ。これをどのように担保していくのか。ネット社会の責任が問われている。

●災害時における「ケータイ」の可能性を考える

今回の東日本大震災は、近年起こった大災害の中では最も多くの映像記録が残ったものだそうである。被災者が目にした災害の様子を映像から分析できれば、より現実的な防災研究が進むだろう。

そして、これら多くの動画を撮ったのが、携帯電話だということは特筆すべき事項である。

大地震が起こったときにも、老若男女が映像記録機器を持って避難しているという状況は過去に例がなく、日本特有の事情がこれらの記録を残したと言えるだろう。

各キャリアから新モデルが続々と発表されているが、その華やかさの裏で、今度は身の安全を確保するツールとしての可能性も、検討すべきだと思う。災害によって避難を強いられた時に、生き残りを賭けて次に取るべきアクションを決定するためには、情報を得ることが重要になるからだ。

地震と津波によってインフラ設備が受けた被害は様々である。ここでは、携帯電話網、インターネット網、テレビ放送網の3つに分けて考えることにしよう。

震災直後に比較的早く復旧したのは、テレビ放送網である。テレビのインフラは、そのほとんどが有線ではなく電波網でできている。そして一つの電波塔でカバーできるエリアが広い。つまり、被害を受ければ一撃で多くの人が受信不能になる一方で、1カ所の設備を復旧させるだけで多くの人が受信可能になる。特にワンセグは、同じ電波を使いながらもフルセグ▼59より広範囲で受信できるという特徴を持っている。

3月12日の報道では、「東北地方を中心に11県でテレビ受信が不能になった」とあった。テレビ放送網で最大規模のNHKでは、4月26日付で発表された第4四半期報告の中で特にページを割いて、震災報道に言及している。この報告書によると、テレビが受信できなくなったのは地震による局舎の崩落、中継放送所のアンテナ取付柱の折損、大規模停電などが原因とある。

通常、放送設備は停電に備えて何重ものバックアップ電源を持っており、多くの基幹設備は放送を継続できた。しかし、その電源設備も地震で壊れたり、中継施設が津波によって流されたところもあったようだ。結果的に最大で約530の中継局で停波が起こったが、3月末の時点ではや19局を残し、復旧している。

●情報ソースとしてのテレビ放送網の特性

災害初期のテレビ放送は、被害状況を伝えるものが中心である。文字情報も相当量流れるが、多くは鉄道、道路などの交通関連の停止情報だ。どこへ行けばいいのかが分からないと意味がないという人もいるが、逆に「あっち方面へ行っても無駄だ」という情報が得られるだけでも、次へのアクションの選択肢が半分になる。

震災当初は今のようにテレビ局（主にNHK）がTwitterで震災情報を流していなかったので、筆者はテレビを録画し、タイムシフト再生しながら字幕情報をTwitterに書き込み続けた。地名など知らない語句が沢山出てくるので、画面を止めてよく確認しないといけなかったからである。ソースがNHKの放送であることも並記した。

それがどれぐらい効果があるのかは分からなかったが、しばらくするとテレビが見られないので助かるという返事がいくつも返ってきた。テレビが見られないという状況はいろいろ考えられるが、津波に遭わず被

59▼フルセグ……ワンセグに対して、ハイビジョン放送のほうをフルセグと呼ぶ。地上デジタル放送は、全部で13のセグメントに分かれている。ワンセグはそのうちの1つだけを使うが、ハイビジョン放送は残りの12セグメントをフルに使用する。

害が少なかった場所でも、停電のためにテレビが見られなかった人が多かったようだ。加えてiPhoneは、単体でワンセグを受信できないため、早めに乗り換えた人ほどワンセグの恩恵が受けられないという逆転現象が起こった。

携帯でのワンセグ受信の弱点は、ものすごくバッテリーを消費するということである。テレビから情報を取るより、安否確認のための通話や現状確認のためのネット検索に労力を割いた人も多かっただろう。

それもあって、テレビ情報をネットへ流す行為は、動的な情報を静的なものに変換するという意味がある。テレビの字幕はどんどん流れて行ってしまうので、そのときにたまたま必要な情報を目にするか、あるいは次に出てくるまでずっと見続けなければならない。しかしTwitterの文字情報であれば、流れていくものを遡って見ることもできるし、検索することもできる。

異なるインフラ、あるいは異なるメディアは、平時ならば競合相手となるが、緊急時にはお互いの特性を組み合わせることで、より強固な情報網になり得ることが証明されたと言えるのではないだろうか。

災害時のITの信頼性

●岩手県北部の被災地では

八戸まで新幹線で移動し、岩手県北の洋野《ひろの》町《ちょう》種市《たねいち》に車で入った。ここはウニの養殖で知られるところだが、津波で稚ウニの養殖施設が大打撃を受けた。しかし、高さ12メートルの防潮堤が津波の進入を防ぎ、町は守られた。奇跡的に死者がゼロであった町である。

居住地域への被害は出なかったが、生活インフラが崩壊した。3月11日の大地震を境に、電気、ガス、水道すべてのライフラインが停止。しかし携帯電話は場所によって数時間通じた。端末は電池で駆動し、携帯基地局の予備電源も数時間は持つからである。

予備電源が数時間しか持たないというのは、その間に電源

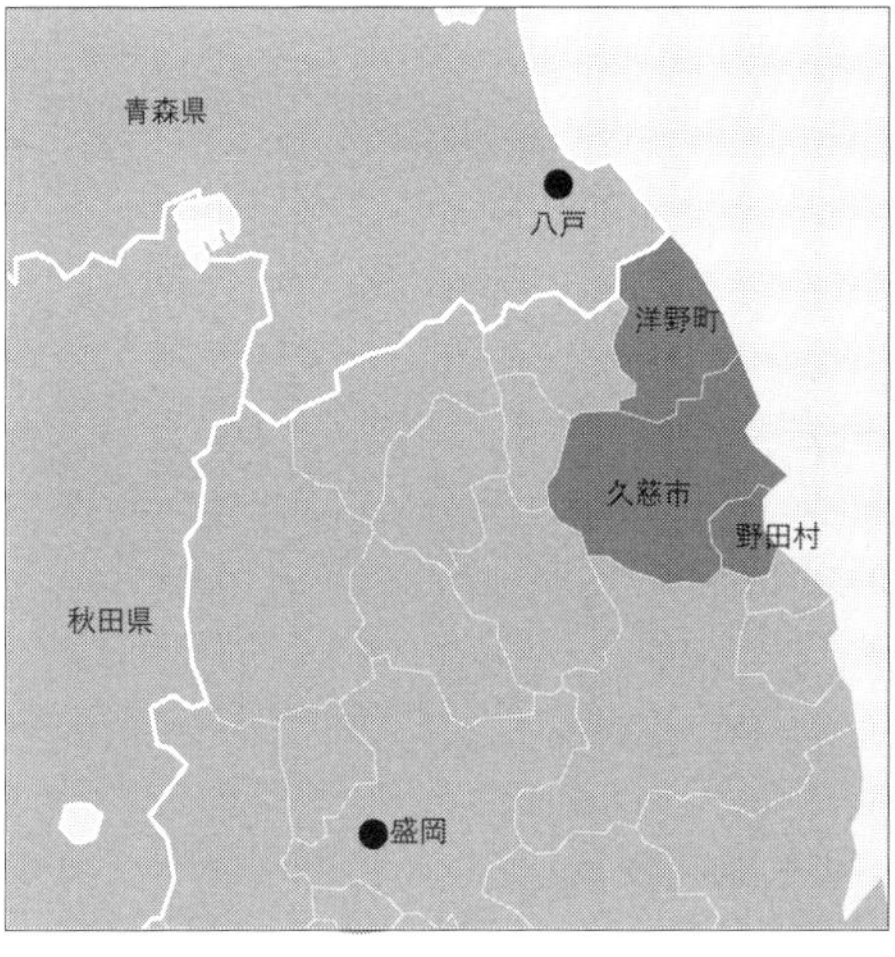

洋野町
面積●303.20平方キロメートル
世帯数●6,748世帯
人口●20,530人
(2006年12月末現在)

野田村
面積●80.83平方キロメートル
世帯数●1,647世帯
人口●4,698人
(2011年5月末現在)

久慈市
面積●623.14平方キロメートル
世帯数●15,242世帯
人口●37,917人
(2011年6月末現在)

壊滅した稚ウニ養殖施設

町を守った 12 メートルの防潮堤。この向こうにはいつもと変わらぬ日常がある

ラインが復旧するという見込みで設計されているということであろう。平時のトラブルであればその程度で対応可能だが、送電施設の壊滅といった根本的なトラブルには対処できない。

ＮＴＴドコモが４月28日に公開した、東日本大震災被害および復旧状況という資料がある。これの３ページにある地図には、３月12日時点で岩手県北部海岸沿いに少しだけ使用可能エリアがあるが、このあたりが洋野町の南部にあたる。

自治体から住民への緊急連絡は、地域の防災無線によって行なわれた。防災無線は停電しても、町役場の自家発電装置で利用できる。しかし電源容量に限りがあるため、必要最小限のものしか動かせず、役場内でもテレビですら自由に点けることはできなかったという。メディアからの情報収集もままならず、電話もＦＡＸも不通では、自治体ができることは現場対応しかないという状態が続いた。

野村総研が３月29日に発表したネットユーザーに対する調査結果によれば、今回の震災で「信頼度が上昇した」というメディアはＮＨＫ

●2011年3月12日時点の NTTドコモサービスエリアの復旧状況

出典：株式会社NTTドコモ「東日本大震災被害及び復旧状況」（2011年4月28日）

で、次いで大手ネットポータル、3位がソーシャルメディアとなっている。一方政府・自治体の情報は5位で、民放の情報とどっこいどっこいの数値である。

●ネットに上げるという重要性

さらに南下を続け、岩手県北部で最大の被害を受けた野田村に入った。ここにも高さ8メートルの防潮堤があったが、津波はそれを乗り越え集落をさらった。鉄筋の村役場は残ったが、そこから海岸までのエリアは、瓦礫こそ撤去されているものの、ほぼ更地である。

市町村レベルでもITを活用して情報の発信を行なっているところは多い。しかしそれらの役割を果たすPCはデスクトップ型であり、さらに有線でLAN接続されていること

●震災に関する情報提供で、重視しているメディア・情報源

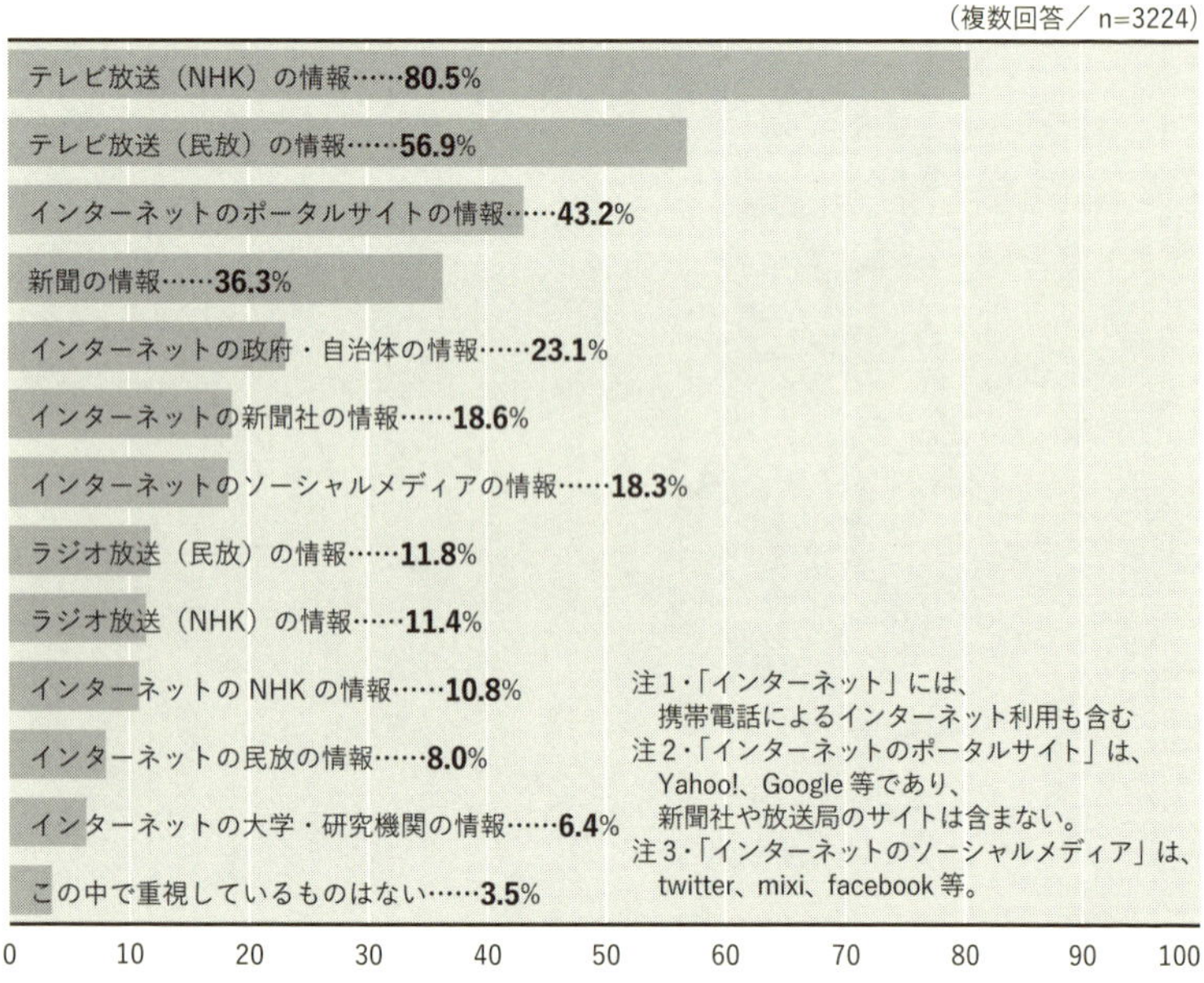

●震災関連の情報に接して、「信頼度が上昇した」という回答比率

（メディアや情報発信主体別／ n=3224）

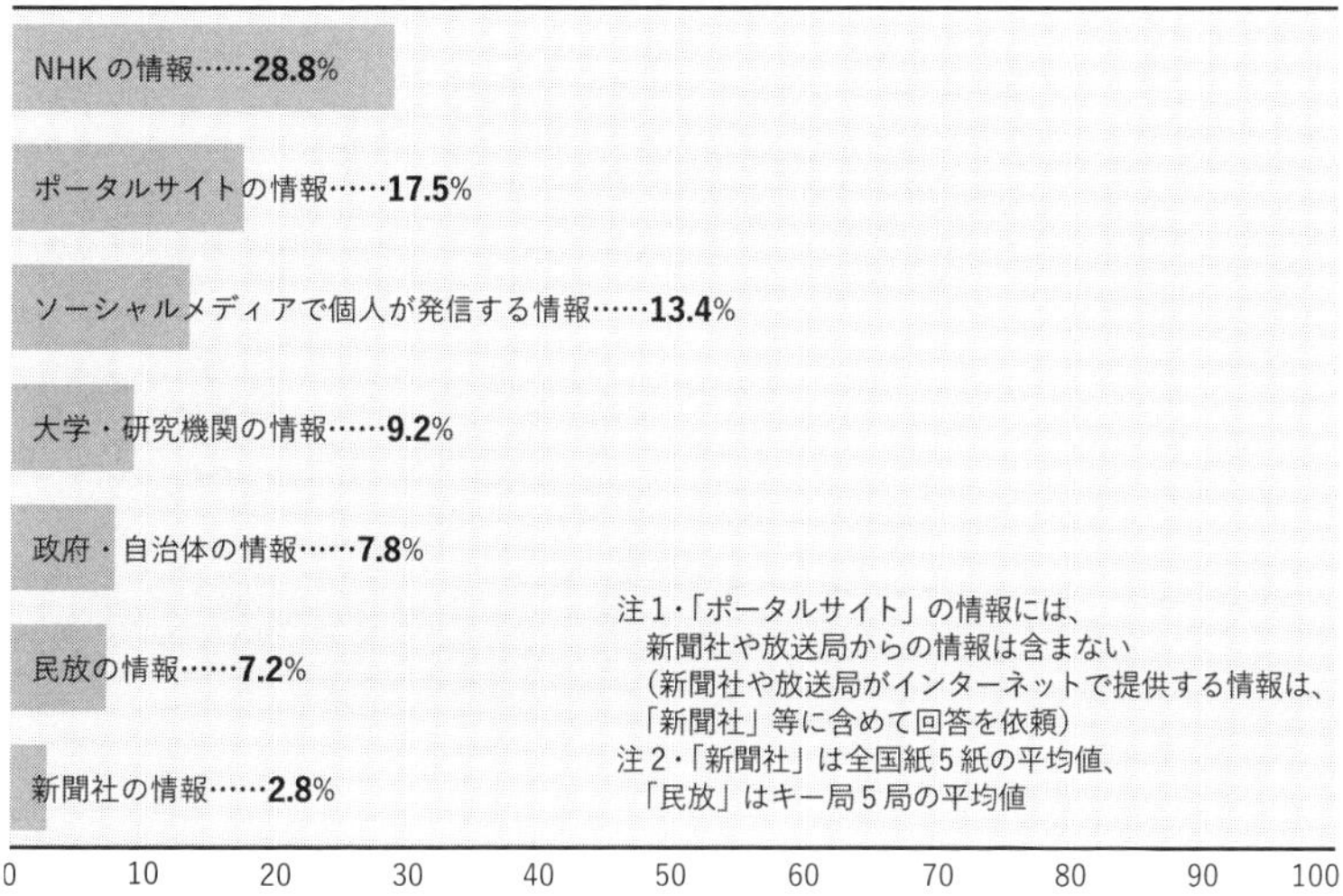

●震災関連の情報に接して、「信頼度が低下した」という回答比率

（メディアや情報発信主体別／ n=3224）

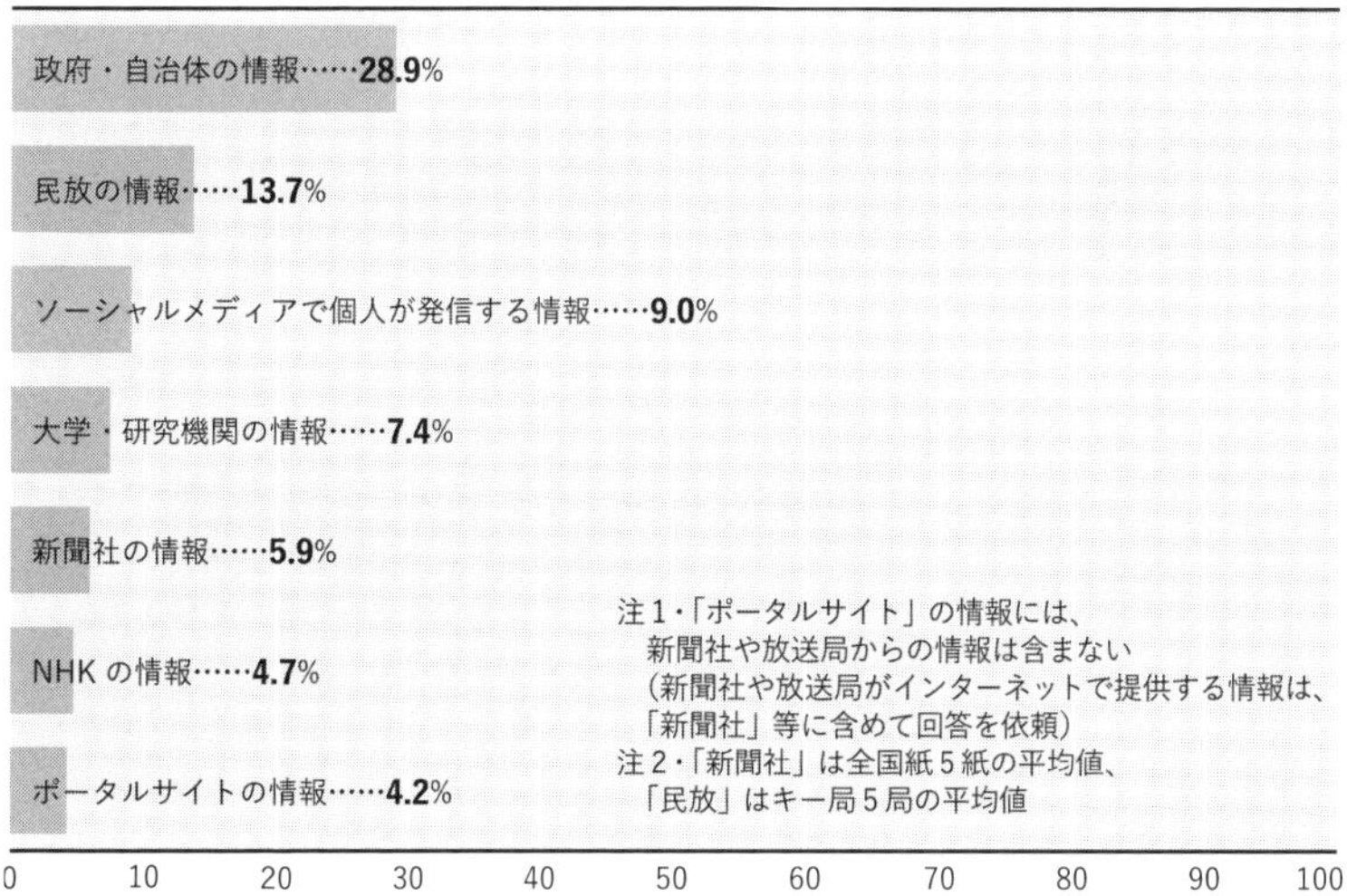

出典：「東北地方太平洋沖地震に伴うメディア接触動向に関する調査」野村総合研究所

野田村役場前の消防署から海岸を望む

から、二重の意味で使えなかった。そもそも電源が来ない点、そしてルーターやハブなどが水を被って、使えなくなった点である。有線による通信の脆弱性という意味では固定電話も同様で、今も村役場は代表番号しか使えない状態が続いている。

「ネットが生きていれば、もっとマシな災害対策・災害支援ができるはず」という意見はあるし、筆者もそう思いたい。しかし、2011年5月13日に行なわれた情報ネットワーク法学会の「特別チャリティ講演会」の中で、岩手県立大学の村山優子教授は「ネットワーク復旧支援はニーズがないところに持って行っても話がかみ合わない」と語った。

岩手県立大学では卒業生らによるボラ

ンティアのＩＴ復興支援プロジェクトがあり、実際に成果も上げているが、「どうせ来るならガソリンを」「食料を」という声を前に、有機的な活動は難しい。さらにいえばネットがそこにあるだけではダメで、極端な話、それを使う人ごと置いていかなければならない。そういう意味では、もっと地方自治体職員のネットスキルを上げていく必要があるわけだが、平時ではその必要性もよく見えないとして、放っておかれている状況にある。

野田村の状況は、メディアとしては3月14日にデーリー東北が写真付きで報じているが、隣接する久慈市のネットタウン誌がこれより1日早く、写真入りで報じている。取材は11日から行なっているが、停電のためにネットにアップできなかったという。

最初に再開したネットインフラは携帯電話だった。13日には、住民の個人ブログに携帯による写

久慈市のネットタウン誌「きてきて久慈市」（http://kujicity.com/）内のブログより、
野田村保育所があった場所の写真（2011 年 3 月 12 日付。公開は 13 日）。
この日は、他にも 50 枚以上の写真が掲載された。

真が掲載され、Twitterによって拡散された。19日には野田村観光協会のTwitterが再開している。

かつて情報は、誰かに、あるいはどこかに向けて発信された。しかしTwitterの出現によって、ネット上にあれば誰かが適切なところへ繋いでくれるという現象が起きている。この拡散力は、災害時の命に関わる情報伝達に役立てられるはずだ。

携帯電話網以外の通信手段

●衛星電話とIP電話

災害時における情報収集・伝達手段として、ケータイと関わりのあるワンセグ（テレビ）、そしてインターネット網の役割と順に筆を進めてきた。今回は携帯電話の基本機能である、通話とメールの話をしたい。

3月11日に多くの人が経験したように、大規模災害が起こった場合には、携帯電話の通話が不通になる。これは、大量の通話トラフィック▼60が集中することでシステムダウンしてしまうことを防止するため、携帯キャリアが通話制限を行なうからだ。システム全体がダウンしてしまうと、警察や消防などが使用している緊急連絡用回線も使えなくなってしまう。これらを生かすために、キャリアの判断で一般通話に制限をかけるわけだ。

通話制限されるのは、家庭の固定電話も同じである。一方、公衆電話は優先電話に指定されているので、通話制限されない。ところがご存じの通り、今や携帯電話の普及により、街角で公衆電話を見つけるだけでもひと苦労する状況で

60▼**トラフィック**……携帯電話網の音声は、今は完全にデジタル化されている。通話も一種のデジタルデータとしてネットワーク上を流れており、大量のデータが一度に流れると交通渋滞のような状態を引き起こす。

ある。しかもそこに人が殺到するわけだから、自分が使う番になるまで待つぐらいなら別の方法を考えた方がよい。

どうしても通話連絡が必要な場所としては、各自治体の役所がある。こちらも防災無線や緊急連絡回線は細々と生きてはいたものの、光回線の集約局が流出するなどの被害にあっては、各部署がそれぞれの上組織と連絡を行なう手段もなくなった。

今回の教訓を生かすとするならば、自治体ごとに何台か衛星電話を契約しておくという方法も検討すべきであろう。現在日本で利用できる衛星電話は、NTT系列のワイドスター▼61、KDDIのイリジウム▼62がある。

ネットユーザーならば、Skypeで通話するという手段もすぐに思いつくことだろう。ネット回線が生きていてPCやスマートフォンが使えるならばこれは有効な手段であり、実際に震災時にも結構使えたという報告もある。

ただし携帯電話も含めた一般電話回線にかけるためには、事前にSkypeクレジットを購入しておく必要がある。災害に遭ってから慌ててクレジットを購入しようとしても、決済システムが正常に動くとは限らない。またSkypeクレジットは、使わなければ180日で無効になってしまうため、緊急時に備える目的でクレジットを買っておくということもできない。常時利用している人の間であればSkype同士の通話で事足りるだろうが、緊急時にかけたい相手はおそらく、一般電話回線なのではないだろうか。

一時期auがSkypeプリインストールの携帯電話をリリースして、競合サービスを取り込んだと話題になったが、「Skype au」はデータ回線ではなく音声回線を使うので、通話制限にひっかかる。しかし今後スマートフォンの普及にしたがって、徐々にSkypeの認知も高まっていくことだろう。

もし携帯電話網よりも先にインターネット回線が復旧した場合は、「フェムトセル」を使って携帯電話をインターネット網に乗り入れさせることができる。フェムトセルは小型基地局と呼ばれるもので、外見は携帯電話のホームアンテナのように見えるが、実際には一般人が設置することはできず、携帯電話基地局免許が必要な移動体通信事業者専用機器だ。

これを使えば、ごく限られたエリアではあるが、携帯基地局の復旧を待たずして、インターネット回線で携帯電話が使えるようになる。今回の震災でもかなり活躍したと聞いている。

●リアルタイムとベストエフォートの狭間で

同じ携帯電話サービスでも、通話に比べればネット接続は、制限されにくい。通話は繋がっている限りある程度の帯域と接続性をずっとキープしなければならないのに比べ、ネット接続はパケットに分解され、送れるときに可能な限り送るという仕組みだからだ。

基本的にインターネットサービスは、このようなベストエフォートの

61▼ワイドスター……NTTドコモがサービスを提供する、衛星電話。従来の船舶電話を置き換える形でサービスがスタートした。自衛隊、気象庁、海上保安庁などでも使用されており、自治体でも採用が増えている。

62▼イリジウム……1998年にモトローラ社により「世界携帯」というキャッチフレーズでサービスインしたが、翌年に破綻し、2000年に一旦はサービスを停止した。その後別会社が資産を買い取り、サービスを再開している。日本ではKDDIが事業者となっている。

思想の上に成り立っている。しかし我々は、あまりにも平時の携帯電話網が快適なために、メールにしろSMSにしろ、発信したら瞬時に相手に伝わるもの、という感覚でいる。特に携帯メールはパソコン上で使うメールとは異なり、メール配送エージェントがメール受信したらすぐに携帯端末に送りつける、いわゆるプッシュメール型サービスなので、余計にその傾向が強い。

今回の震災では、直後に緊急メールが発信されても、届いたのが真夜中だったとして怒る人もいた。しかしインターネット網を利用する携帯メールも本来はベストエフォートなので、不達で戻ってくるよりはマシだと考えなければならない。すでに子供も含め大人までも、メールが遅延する、しかも数時間規模で遅れるという経験をしたことがある人の方が少ないだろう。それほどまでにインターネット技術は私たちの身の回りの中に自然に存在し、その仕組みを知らなくても困らないほどに洗練されたといえる。もちろん見た目上は、という話だが。

今回の震災時には、Twitterのサービスが落ちることなく、多くの人の情報共有に役立った。これはTwitter社が大震災という事情を把握し、日本でサービスが落ちないようにかなりのリソースを意識して割り当てたからである。Twitterは元々リアルタイム性はあまり重視しておらず、全員に均等な文字制限を課している。その点で比較的負荷の少ないサービスだと言えるだろう。ただし写真添付などすると、そのぶんだけ別のトラフィックを食う。

今後はネットリテラシー教育の1つとして、細くなったネット回線をみんなで落とさないように使うという方法も、盛り込んでいくべきなのかもしれない。

災害時でも使える情報端末

●子供に持たせる通信手段

さてここからは、今後の話をしたいと思う。現在の携帯電話市場は、iPhoneシリーズとGALAXY Sシリーズ▼63に牽引されて、スマートフォン化が進むことは明白のようである。スマートフォンの魅力は今更ここで述べるまでもないが、災害時の用途という観点でいうと、携帯電話網だけでなくWi-Fi網にも繋がることは大きい。

もちろん、従来型の携帯電話でもWi-Fiに繋がるものがあるし、携帯ゲーム機も繋がるものが多い。子供には携帯電話を持たせないといった動きもある中で、それらゲーム機が命を救うことになるかもしれない。今回はたまたま学校にいる時間に地震があったので、まだ運がよかっただけだ。

少なくとも、手持ちの機器がWi-Fiに接続できるならば、接続方法ぐらいは親子で勉強しておくべきだろう。普段、子供がネットに繋いで問題ないようにするのは親の管理責任で行なえばいい話で、ネットに接続すること自体を禁止することはない。

●これまで「備え」になかったもの

ワンセグに関しては、iPhoneのような世界共通モデルでは搭載しようもないが、日本市場向けにカスタマイズされた端末であれば、対応機種も増えてきている。この中で一つ注意が必要なのは、SIM▼64を抜いたらワンセグが利用禁止となる端末の存在だ。

災害時に機種変前の古い携帯端末でワンセグを受信できれば、情報入手の手段を持たない周囲の人に貸すことができるわけだが、SIMを抜くとワンセグが見られなくなる端末はけっこうある。

この機能制限はキャリアの囲い込みの中で生まれてきたもので、放送側の縛りではない。最近ではこの機能制限も減っているという話だが、いまだこのようないわれなき機能制限がある端末は、購入時には避けるべきだろう。

情報網として、案外携帯電話から遠いサービスが、ラジオである。以前はラジオが受信できる携帯電話が発売されていたこともあったが、あまり普及しなかったようだ。今なら多少事情は違うかもしれない。スマートフォンならradiko▼65やau LISMO WAVE▼66のようなサービスがあるからいいと思われるかもしれないが、これらは携帯電話網やWi-Fi

63▼GALAXY Sシリーズ……NTTドコモが2010年冬に投入したスマートフォンの一種で、韓国サムソン製。高精細な有機ELディスプレイを備え薄型で、Android陣営としてはiPhoneと初めて互角に戦える端末として人気を集めている。

64▼SIM……Subscriber Identity Moduleの略。携帯電話の内部に差し込む、電話番号を特定するための固有IDが記されたICカード。SIMカードを入れる変えるだけで機種変更が簡単になるというメリットがある反面、日本ではユーザーを他のキャリアに逃がさないために、独自で様々な制限を加えることがある。

65▼radiko……日本のラジオ放送をインターネット上に同時に流すサービス。ラジオ端末の所有が減っている中、ラジオ業界の救世主として脚光を浴びている。無料で利用できるが、放送権益の関係から、現在位置で電波受信可能なエリアの放送局に限られるという制限がある。

66▼au LISMO WAVE……auが自社の携帯向けに開始した、ラジオのインターネット配信サービス。月額315円だが、エリア制限なしで全国52局のFMラジオ放送を聞くことができる。

網が生きていないと利用できない。

車に戻ればラジオが聴けると考えている人もいるかもしれないが、大災害では車が流される、落下物につぶされる、浸水してバッテリーが使えないといったことも起こりうる。あまり全面的に車に依存するのも万全とは言えない。

ＪＥＩＴＡ▼67が２０１１年６月に発表した「民生用電子機器国内出荷実績」によれば、５月にはラジオの出荷が金額ベースで前年同期比２２３・６％と爆発的な延びを見せている。あきらかにラジオは、緊急時の情報収集手段として見直されてきているということだろう。

しかしラジオ単体を買っても、なかなか普段から持ち歩かないだろう。普段持ち歩くものとしてならば、ポータブル音楽プレーヤーでラジオチューナー付きのものがあるので、探してみるのもいい。ただしほとんどはＦＭのみで、ＡＭが受信できるものはあまり見たことがないのが難点だ。

さらに携帯電話に機能を求めるならば、自分の位置情報を発信する緊急ビーコンのような機能はあってもいい。今回の津波では、難は逃れたものの避難場所から孤立して動けないケースも多かった。この場合、安全な場所が救援隊から発見しやすい場所とは限らない。平時はプライバシーの問題と背中合わせになる機能ではあるが、なんとか方法を考えられないものだろうか。

67▼ＪＥＩＴＡ……一般社団法人 電子情報技術産業協会。日本の家電メーカーの多くが参加し、エレクトロニクス技術やＩＴ技術に関して様々な調査、研究、提言を行なっている。

明日の災害に備えて

●親と子の災害情報サバイバル術

さてこれまで災害時における携帯電話の可能性について検討してきたが、まとめると以下のようになるだろう。

1．大災害直後は携帯電話網が使えない可能性がある。一方ワンセグ、ラジオはかなり使える。

2．携帯電話網が復旧しても、従来の速度は保証されない。ダウンさせないために、少量パケットで済む方法を工夫する。

3．携帯電話網の復旧は、特定事業者以外にはできない。しかし民間はインターネット網の復旧で貢献できる。

災害時において携帯電話網の復旧は、たとえ繋がるようになったとしても、どの程度回復したのかはわからない。平時ならばパケット定額だから湯水のごとく回線を利用しているわけだが、災害時では細い回線を全員でシェアしなければならない、ということを自覚する必要がある。

まず優先されるべきは、人命である。けが人や危険な状況にある人のために緊急に消防・警察への連絡が必要な場合は、周りの人と協力して一時的に通信をやめ、代表者が電話連絡を行なえる状態にすることを最優先に考えるべきだ。

次に、自分たちの生命である。集団で被災したのであれば、避難も集団で行なう事になる。その際に、全員が思い思いに情報を取る必要はない。2〜3のルートから情報を取り、あとは口述でその場の全員に伝えればよい。その他の人たちは携帯の電源を切ってバッテリを温存し、次の事態に備える。また周囲の状況に注意するなど、手分けして安全を確保する。

●家族との連絡方法

十分な安全が確保できた人は、家族の安否が気になることだろう。しかし通話で相手に連絡するのは、回線を圧迫を考えて避けるべきである。当然通話が制限されていれば、規制解除されるまではいくらかけてもかからないので、何度もリダイアルするだけ電池の無駄である。

この場合は、比較的制限されにくいメールで、安否確認をするのが妥当である。SMSやMMS、キャリア提供のメールアドレスなどいくつかのルートで同じ文面を発信しておき、連絡を待つ。もちろん平時のように、すぐに届くわけではない。その際には、無駄な通信のやり取りを減らすために、自分の置かれている状況なども手短かに伝えておく。

おそらく災害時にできる連絡手段は、これぐらいだろう。さらに連絡方法を増やすためは、事前に家族でルールを決めておく必要がある。多くの家庭では、避難場所やはぐれた場合の集合場所などはあらかじめ相談している事と思うが、ネットでどうやりとりし合うかまでは打ち合わせしていないことだろう。ここでは、災害伝言ダイヤル、災害用伝言板を紹介しておく。

・災害伝言ダイヤル

通話によって伝言を残せるサービスで、災害時にのみ運用されるのが災害伝言ダイヤルである。これは被災地に指定された固定電話番号に向けて伝言を残すというもので、携帯電話からでも利用できる。例えば何かあったときには、家の固定電話番号に向けて伝言ダイヤルでメッセージを残す、と家族でルールを決めておけばいい。

利用方法はまず「171」をダイヤル、あとは自動ガイダンスに従えばいいだけなので、覚えておくのは171という番号と、自宅の電話番号だけだ。自宅の都道府県が災害地に指定されていない場合は利用できないので、その点は注意が必要だ。

・災害用伝言板

こちらは大災害時にのみ、各携帯キャリアが提供する伝言板サービスで、文字をベースにした伝言板である。伝言板には、それを運営するキャリアの携帯電話からしか書き込めないため、他社の携帯からメッセージを見るには、伝言板サービス内にある「全社一括検索機能」を使って、相手の電話番号を検索する必要がある。

各キャリアの伝言板は独自のアドレスを持っているため、事前に調べてブックマークに登録しておく。災害時に検索エンジンで調べようと思っても、検索エンジンが動作しない可能性もあるからだ。


この両者は事前に家族で打ち合わせしておかないと、使っていることを相手が知らなければ意味がない。緊急のために子供に携帯を持たせている保護者の方も多いと思うが、我々は本物の大災害時には、思ったように携帯が使えないということを学んだ。この時にどうするかを、子供と一緒に考えておくというのも、いい教育になるだろう。

とはいえ、災害時に情報端末として携帯電話を活用する上でもっとも大事なことは、常に予備バッテリーを携帯することではないかと思う。今回の震災では、データが出ていない、というか取りようもないと思うが、バッテリーの切れ目が生死を分けたケースも相当あるのではないか。少なくとも1回分のフル充電ができる程度の予備バッテリーならそれほど高くもないし、かさばらない。

次に大災害が起こった時には、文字通り情報サバイバルといった状況になり得る。子供に高い情報アクセス能力があれば、本人だけでなく周りの大勢の命を救うことになるかもしれないのだ。

あとがき

本書は、ネット上のニュースサイト「ITmedia」で連載中の「ケータイの力学」と、安心ネットづくり促進協議会のサイトのナレッジ共有プロジェクト「もっとグッドタイムス」での調査報告から抜粋し、大幅に資料を加えて再編集したものである。

子供の携帯電話利用に関して調査を開始したのは、ごく個人的な理由からだった。本書の冒頭でも書いたように、上の娘には早くから携帯電話を持たせていたが、架空請求やチェーンメールなど、現在子供と携帯の関係で問題視されているありとあらゆる事例に遭遇した。確かに野放しにはできない。だが今更「子供にケータイを持たせるな」は通用しない。もう持っちゃってるのだ。持たせた親は、今から取り上げろというのか。

きっと答えは別にあるはずだ。そこであらゆる問題を調査し、分析を試みた。安心ネットづくり促進協議会では、ネット事業者の取り組みと成果を間近に見ることができた。その成果が、本書に収録されている。

筆者は冒頭で、2つの仮説を示した。

1 子供からケータイを遠ざけることは、間違いである。
2 規制より先に教育があるべきである。

この2つに関しては、多くの資料を元に説明がついたように思う。

そもそもインターネット上で不特定多数の人とコミュニケーションをしたことがない、あるいはそんなことが必要だと思っていない大人も多い。携帯電話やインターネットが我々の社会に浸透して、まだ10年程度しか経っていないのだ。現実の社会活動はリアル社会の上で行なわれており、ネット上のバーチャル社会はリアル社会とは別のものである、だから早くこっち（リアル）の世界に帰ってこい、と子供たちに声をかけたくなる気持ちはわかる。

身元を明かさず、むしろ現実と違った人格を形成できる匿名掲示板などは、パソコン通信時代から連綿と続く、古いタイプのネットの使い方である。そしてまだまだそこにとどまっている人も多い。

子供たちに与えたいネットの可能性とは、そこへ行けという話ではない。リアルとネットが別、という考え方、いや、そういうネットの使い方は、もはや古いのである。ソーシャルメディアの登場により、「ネットはリアル社会をより接合するもの」として機能し始めている。とても実際に会って話などできないような、リアル社会では接点を持ち得ない相手と、SNS上で意見を交わすということが頻繁に行なわれるのが、今のネットだ。子供たちにとっては、それは社会見学や修学旅行に匹敵する、社会を学ぶチャンスなのである。

この新しい可能性を開くネットの使い方に、世界が大きく期待している。親子で楽しめるネット社会は、きっと夢ではなく実現できるものと信じている。そのためにはまず、親がネットのことを知らなければならない。

本書が多くの保護者のお役に立てれば、幸いである。

小寺信良

●『できる VAIO ― Do VAIO 編』（法林岳之・できるシリーズ編集部と共著、インプレス、2004 年 7 月）
●『できる VAIO ―完全活用編（2004 年モデル対応）』（法林岳之・できるシリーズ編集部と共著、インプレス、2004 年 2 月）
●『DVD& 動画ファイル逆引き便利読本』（北川達也・小清水満と共著、技術評論社、2004 年 1 月）
●『できる VAIO ―基本編（2004 年モデル対応）』（法林岳之・できるシリーズ編集部と共著、インプレス、2003 年 12 月）
●『できる VAIO ―基本編（2003 年モデル対応）』（法林岳之・できるシリーズ編集部と共著、インプレス、2003 年 1 月）
●『できる VAIO ―完全活用編（2003 年モデル対応）』（法林岳之・できるシリーズ編集部と共著、インプレス、2002 年 12 月）
●『キミにも焼ける !DVD ビデオ』（北川達也・天野司と共著、インプレス、2002 年 12 月）
●『できる Vaio ―活用編（Windows XP 版）』（できるシリーズ編集部と共著、インプレス、2002 年 4 月）
●『記録型 DVD 活用パーフェクトマニュアル』（元麻布春男・田沢仁・天野司・鈴木直美と共著、インプレス、2001 年 12 月）
●『DVD-R ドライブ活用マニュアル― DVD-Video の作り方』（北川達也と共著、インプレス、2001 年 8 月）
●『Psion Revo Plus パワーアップガイド』（懸田剛・柴田文彦と共著、アスキー、2001 年 7 月）
●『つなぐ !DV ビデオ編集パーフェクトマニュアル（For Windows）』（監修、田沢仁・佐野昌己・小清水満と共著、インプレス、2000 年 11 月）
●『デジタルビデオ標準ガイドブック』（監修。「エフェクツ」編集部編、エムディエヌコーポレーション、2000 年 7 月）
●『DTV 標準デジタルビデオ編集教室（For Windows & Macintosh）』（佐野昌己と共著、ソーテック社、1999 年 10 月）
●『使える！遊べる !TurboLinux アプリケーション』（ディー・アート、1998 年 12 月）
●『LightWave 3D 5.5 Plug-In マスターブック』（佐野昌己と共著、秀和システム、1998 年 1 月）

小寺信良

こでら のぶよし

1963年、宮崎県生まれ。テクニカルライター・コラムニスト。
テレビ映像の編集者としてバラエティ、報道、コマーシャルなどを
手がけたのち、94年にフリーランスとして独立。
以降映像・音楽を軸に、AV機器からパソコン、放送機器まで、
幅広く執筆活動を行う。2008年より一般社団法人インターネットユーザー協会（MIAU）の代表理事として、子供と情報社会の関係を調査・研究している。
Twitter: @Nob_Kodera

●著書

●『USTREAMがメディアを変える』（ちくま新書、2010年11月）

●『できるCD & DVD作成―ソニック・ソルーションズ公式マニュアル（Easy Media Creator/Roxio Creator & Windows Vista対応）』（できるシリーズ編集部と共著、インプレスジャパン、2008年4月）

●『iPod nanoとiTunesですぐに音楽が楽しめる本（iTunes 7.5 & Windows Vista/XP対応）』（できるシリーズ編集部と共著、できるポケット、2007年12月）

●『iPodですぐに音楽が楽しめる本（iTunes 7 & Windows Vista/XP対応）』（できるシリーズ編集部と共著、できるポケット、2007年10月）

●『コンテンツ・フューチャー―ポストYouTube時代のクリエイティビティ』（津田大介と共著、Net travellers 200X、2007年8月）

●『メディア進化社会― The influence of media evolution』（Yosensha paperbacks、2007年6月）

●『iPodをすぐにマスターできる本　改訂版（iTunes 7 & Windows XP対応）』（できるシリーズ編集部と共著、できるポケット、2006年11月）

●『できるビデオカメラ（Windows XP対応）』（できるシリーズ編集部と共著、インプレスジャパン、2006年8月）

●『iPodをすぐにマスターできる本（Windows XP対応）』（できるシリーズ編集部と共著、できるポケット、2006年4月）

●『できるVAIO―完全活用編（2006年モデル対応）』（法林岳之・できるシリーズ編集部と共著、インプレス、2006年2月）

●『できるCD & DVD作成（DigitalMedia対応）』（できるシリーズ編集部と共著、インプレス、2005年11月）

●『できるiPod & iTunesの「困った！」に答える本（Windows XP & Mac OS 10対応）』（できるシリーズ編集部と共著、インプレス、2005年10月）

●『できるVAIO―完全活用編（2005年モデル対応）』（法林岳之・できるシリーズ編集部と共著、インプレス、2005年2月）

●『できるCD & DVD作成（RecordNow! 対応）』（できるシリーズ編集部と共著、インプレス、2004年12月）

●『できるiPod mini & iPod（Windows XP & Mac OS 10対応）』（できるシリーズ編集部と共著、インプレス、2004年8月）

書名――――――子供がケータイを持ってはいけないか?
著者――――――小寺信良
編集――――――大田洋輔
ブックデザイン――山田信也
カバーデザイン――和田悠里
カバーイラスト――石山さやか
発行――――――2011年9月14日［第一版第一刷］
定価――――――1,600円+税
発行所―――――ポット出版
150-0001 東京都渋谷区神宮前2-33-18#303
電話　03-3478-1774　ファックス　03-3402-5558
ウェブサイト　http://www.pot.co.jp/
電子メールアドレス　books@pot.co.jp
郵便振替口座　00110-7-21168　ポット出版
印刷・製本―――シナノ印刷株式会社
ISBN978-4-7808-0169-9 C0037

Should children not have cell phones ?
by KODERA Nobuyoshi
Editor:OTA Yosuke
Designer:YAMADA Shinya, WADA Yuri
Illustrator: ISHIYAMA Sayaka

First published in
Tokyo Japan, Sep. 14, 2011
by Pot Pub. Co. Ltd.

#303 2-33-18 Jingumae Shibuya-ku
Tokyo, 150-0001 JAPAN
E-Mail: books@pot.co.jp
http://www.pot.co.jp/
Postal transfer: 00110-7-21168
ISBN978-4-7808-0169-9 C0037

【書誌情報】
書籍DB●刊行情報
1 データ区分――1
2 ISBN――978-4-7808-0169-9
3 分類コード――0037
4 書名――子供がケータイを持ってはいけないか?
5 書名ヨミ――コドモガケータイヲモッテハイケナイカ
13 著者名1――小寺　信良
14 種類1――著
15 著者名1読み――コデラ　ノブヨシ
22 出版年月――201109
23 書店発売日――20110914
24 判型――B6
25 ページ数――240
27 本体価格――1600
33 出版者――ポット出版
39 取引コード――3795

本文●ラフクリーム琥珀N　四六判・Y・71.5kg（0.130）／スミ（マットインク）
表紙●ハンマートーンGA／ホワイト／四六判／Y目／210kg／TOYO 10442/TOYO 10189
カバー・帯●サンシオン／ハイホワイト／四六判／Y目／108kg／スリーエイトブラック+TOYO 10190+DIC 68
使用書体●游明朝体std M+ITC Garamond　游明朝体　游ゴシック体　Frutiger　ITC Garamond　Hoefler Text
2011-0101-2.0

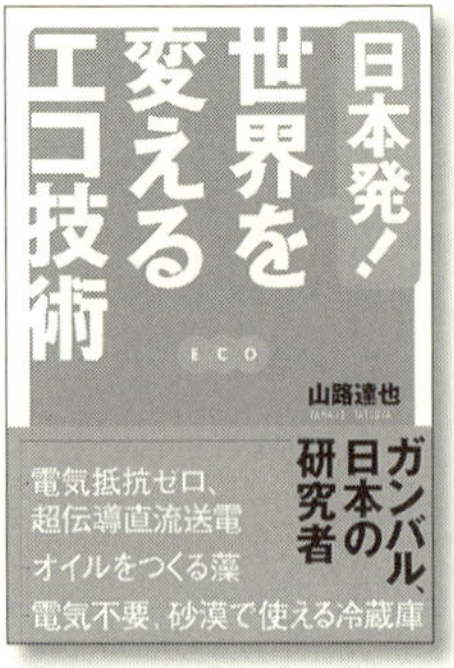

日本発!
世界を変えるエコ技術

著●山路達也
定価●1,800円+税

次世代エネルギーのカギはここにある。
電気抵抗ゼロの超伝導直流送電!　オイルをつくる藻?
電気不要、砂漠で使える冷蔵庫!?
日本の研究者たちによって生み出された、
最先端のエコ技術のタネを一挙に紹介。

2011.07発行／ISBN978-4-7808-0161-3 C0040
B6判／並製／232頁

今日の遊びはこれに決まり!
パパの理科実験ショー　DVD付き

著●飛田賀光
希望小売価格●1,600円+税

子どもと遊びたいけど、「何をしていいかわからない」
と思っているお父さんたちへ。
親子で遊べる楽しい理科実験をイラストと実演DVDで紹介。
実験の手順のほか、お父さんの虎の巻ともなる
科学的な解説も紹介しています。

2010.08発行／ISBN978-4-7808-0152-1 C0076
A5判／並製／DVD付／128頁

子供問題

学校、家族、メディアに見る子供をめぐる矛盾

著●小浜逸郎
定価●1,900円+税

小浜逸郎が2001年から約十年にわたり発表してきた文章から、
子供、教育に関わるものを一挙収録。「子どもという存在について」
「メディアから見る子ども」「学校、教育の現場に見る子ども」と、
三つの切り口から、現代の子供たちが直面する問題を論じていく。
本書と対になる『大人問題』も発売中。

2009.12発行／ISBN978-4-7808-0136-1 C0036
四六判／上製／192頁

●全国の書店、オンライン書店で購入・注文いただけます。
●以下のサイトでも購入いただけます。
ポット出版◎http://www.pot.co.jp　版元ドットコム◎http://www.hanmoto.com